Johann Georg August Wirth

kleine bayerische biografien

herausgegeben von
Thomas Götz

AXEL HERRMANN

Johann Georg August Wirth

Ein politisches Leben zwischen Restauration und Revolution

Verlag Friedrich Pustet
Regensburg

kleine bayerische biografien

Biografien machen Vergangenheit lebendig: Keine andere literarische Gattung verbindet so anschaulich den Menschen mit seiner Zeit, das Besondere mit dem Allgemeinen, das Bedingte mit dem Bedingenden. So ist Lesen Lernen und Vergnügen zugleich.

Dafür sind gut 100 Seiten genug – also ein Wochenende, eine längere Bahnfahrt, zwei Nachmittage im Café. Wobei *klein* nicht leichtgewichtig heißt: Die Autoren sind Fachleute, die wissenschaftlich Fundiertes auch für den verständlich machen, der zwar allgemein interessiert, aber nicht speziell vorgebildet ist.

Bayern ist von nahezu einzigartiger Vielfalt: Seine großen Geschichtslandschaften Altbayern, Franken und Schwaben eignen unverwechselbares Profil und historische Tiefenschärfe. Sie prägten ihre Menschen – und wurden geprägt durch die Männer und Frauen, um die es hier geht: Herrscher und Gelehrte, Politiker und Künstler, Geistliche und Unternehmer – und andere mehr.

Das wollen die KLEINEN BAYERISCHEN BIOGRAFIEN: Bekannte Personen neu beleuchten, die unbekannten (wieder) entdecken – und alle zur Diskussion um eine zeitgemäße regionale Identität im Jahrhundert fortschreitender Globalisierung stellen. Eine Aufgabe mit Zukunft.

DR. THOMAS GÖTZ, Herausgeber der Buchreihe, geboren 1965, studierte Geschichte, Germanistik und Philosophie. Er lehrt Neuere und Neueste Geschichte an der Universität Regensburg und legte mehrere Veröffentlichungen, vor allem zu Stadt und Bürgertum in Bayern und Tirol im 18., 19. und 20. Jahrhundert, vor. Darüber hinaus arbeitet er im Museums- und Ausstellungsbereich.

Inhalt

I. Johann Georg August Wirth – eine Annäherung an seine Person

Als im Vorfeld der Feierlichkeiten zum 200. Geburtstag und zum 150. Todestag von Johann Georg August Wirth 1998 in Hof der Gedanke aufkam, für den großen Sohn der Stadt ein Denkmal zu errichten, waren sich die Beteiligten, darunter der Autor dieser Biografie, einig, Wirth als Person nicht auf einen Sockel zu stellen. Vorbei waren die Zeiten, wo man gekrönte Häupter, aber auch Geistesgrößen und Dichterfürsten wie Goethe und Schiller erhöhte, damit sie vom Volk ehrfurchtsvoll bestaunt werden konnten. Eine solche Vorgehensweise hätte sicher nicht im Interesse Wirths gelegen. In Hof entschied man sich daher für einen Entwurf des ebenfalls in der Saalestadt geborenen Künstlers Andreas Theurer, der einen zentralen Aspekt aus dem Leben des Publizisten Wirth herausgriff und ihn in Form einer aufgeschlagenen Seite der Deutschen Tribüne in den Blickpunkt des Betrachters rückte.

Auch der Verfasser will Wirth nicht auf einen Sockel stellen, sondern im Gegenteil ihn wieder erden. Wirth war kein Übermensch und erst recht kein Mythos, zu dem er von einigen Gralshütern der freiheitlich-parlamentarischen Demokratie stilisiert worden ist. Freilich darf man die Bedeutung Wirths auch nicht auf seine Rolle beim Hambacher Fest reduzieren. Er besitzt in herkömmlichen Darstellungen über den Vormärz einen festen Stammplatz und in diesem Zusammenhang tauchen Philipp Siebenpfeiffer und Johann Georg August Wirth wie Dioskuren im Spotlight der Geschichte auf, um dann meist ebenso, wie sie erschienen sind, wieder im Dunkeln der Vergangenheit zu verschwinden.

Worin bestehen aber die Gründe, sich heute noch mit der Biografie eines Mannes zu beschäftigen, der in seinem Leben vielleicht mehr Niederlagen einstecken musste, als er Erfolge feiern konnte. Wirth war bekanntlich kein Staatsmann oder herausragender Politiker in einem festen Amt; als Publizist stand er eher in der zweiten oder dritten Reihe aller politisch aktiven Persönlichkeiten. Gerade deswegen sollte er aber im Hinblick auf seine Breitenwirkung nicht unterschätzt werden. Denn mit dem konsequenten und unerschrockenen Auftreten Wirths mussten sich sogar der bayerische König Ludwig I. und der beinahe allmächtige österreichische Staatskanzler Fürst Metternich mehr beschäftigen, als es ihnen lieb war. Mit anderen Worten: Auch die Männer der ersten Reihe waren niemals so autonom, wie es ein verkürztes Geschichtsdenken glauben macht. Ihr Handeln war im positiven wie im negativen Sinne zum großen Teil ein Reflex auf die Meinungen und Einflüsse nachrangiger Gestalten. An dieser Tatsache hat sich bis heute nichts geändert, auch wenn immer mehr Frauen in führende Positionen einrücken. Wenn man also historische Prozesse wirklich verstehen will, kommt es auch auf die biografische Erhellung scheinbar untergeordneter Mitspieler an. Im Spiegel jener Personen lassen sich überdies die spezifischen kulturellen und sozioökonomischen Verhältnisse einer bestimmten Epoche sichtbar machen.

Eine gute Biografie zeichnet sich u. a. dadurch aus, dass sie nicht vom Lebensende der betreffenden Person her erzählt wird. Nur so kann vermieden werden, dass erst für eine spätere Lebensphase geltende Einsichten und Urteile den Blick auf die Entwicklung eines Menschen in ihrer Gesamtheit verstellen. Genauso wenig darf die Darstellung auf ein besonderes Ereignis – im Falle Wirths das Hambacher Fest – fokussiert werden. Die vorliegende Biografie versucht deshalb, das Leben von Johann Georg August Wirth mit all seinen Möglichkeiten und Brüchen, Höhen und Tiefen in der gebotenen Kürze chronologisch nachzuzeichnen. Der Autor ist sich bewusst, dass mit der fesselnden Lebensbeschreibung von Michail Krausnick aus dem Jahre 1997 und der quellenmäßig sehr fundierten und detailreichen Dissertation von Elisabeth Hüls 2004 bereits biografische Maßstäbe für Wirth gesetzt wurden. Dennoch bleiben nicht nur Fragen offen; die Quellenlage eröffnet auch manche Spielräume für andere Akzentsetzungen und andere Interpretationen. Letztlich teilt Johann Georg August Wirth das Schicksal mit so vielen anderen Menschen, dass man sich seiner Person nur so gut wie möglich annähern kann, ohne den Anspruch zu erheben, ihn vollständig erfasst und verstanden zu haben.

II. Mitgift seines Lebens

Man schrieb das Jahr 1798, als Johann Georg August Wirth am 20. November in Hof im »Voigtlande« geboren wurde. In diesem Jahr hatte Napoleon seine Expedition nach Ägypten begonnen, deren kulturelle Frucht die wissenschaftliche Erforschung des Landes am Nil werden sollte. In Wien erlebte derweil das Oratorium Die Schöpfung von Joseph Haydn seine Uraufführung und Friedrich Schiller vollendete seine Ballade Die Bürgschaft. Solche geistigen Bereicherungen des Lebens wurden in der fränkischen Provinzstadt wohl kaum wahrgenommen, dafür aber die Teuerung der Getreidepreise und ein gewisser Niedergang des produzierenden Gewerbes umso mehr. Als Ursache sah der damalige Verfasser der Hofer Altstadtchronik das Wirken der französischen Revolutionsarmeen. Aus der zeitlichen Distanz heraus darf konstatiert werden, dass die wirtschaftliche Lage im Geburtsjahr Wirths noch keineswegs so dramatisch war, wie sie der Chronist glauben machen möchte.

DIE PREUSSISCHE ÄRA IN FRANKEN

Bereits 1791 waren die fränkischen Fürstentümer Ansbach und Bayreuth an Preußen gefallen, nachdem der des Regierens überdrüssige Markgraf Karl Alexander zugunsten der hohenzollernschen Verwandten in Berlin Verzicht geleistet und sich mit der Dame seines Herzens, Lady Craven, nach England ins Privatleben zurückgezogen hatte. König Friedrich Wilhelm II. sandte seinen Leitenden Minister Karl August Freiherr von Hardenberg mit vizeköniglichen Vollmachten ausgestattet nach Franken, um von den beiden Markgrafschaften Besitz zu ergreifen und sie im Geiste der Aufklärung des Spätabsolutismus zu reformieren. Begünstigt durch den Frieden von Basel 1795, mit dem Preußen aus der Reihe der Koalitionäre im Krieg gegen Frankreich ausschied, brach Hardenberg die verkrusteten, teilweise noch aus dem Mittelalter stammenden Verwaltungsstrukturen auf. Seine große Leistung bestand neben der Einführung des Allgemeinen Preußischen Landrechts in der

Trennung von Justiz und Verwaltung sowie in einer klaren Gliederung der Behörden. Gerade diese Form von Gewaltenteilung sah der erwachsene Wirth später für eine unabhängige Justiz und einen liberalen Staat als unabdingbar an. In Hof blieb die Selbstverwaltung der Stadt durch einen Magistrat unter Aufsicht eines Polizeidirektors bestehen. Gleichzeitig stärkten die Reformen die Wirtschaftskraft der Stadt. Das Bürgertum und mit ihm die Familie Wirth fühlte sich in dem moderneren und größeren Staatswesen gut aufgehoben.

Diese hoffnungsvolle Entwicklung Hofs endete abrupt im Jahre 1806 mit der unbedachten Kriegserklärung Preußens an Frankreich und der vernichtenden Niederlage der preußischen Armee bei Jena und Auerstedt. Mit dem Aufmarsch französischer Truppen auf der Heerstraße über Hof erlebte die Bevölkerung wie im Dreißigjährigen und im Siebenjährigen Krieg wiederum die Schrecken militärischer Einquartierungen. Nach dem Frieden von Tilsit 1807 fand sich das Fürstentum Bayreuth dann als Provinz im französischen Kaiserreich wieder. Der französische Gouverneur Camille de Tournon beließ es bei den preußischen Verwaltungsstrukturen und bemühte sich redlich, die Kriegslasten so gering wie möglich zu halten. Für Napoleon stellte das ehemalige Fürstentum jedoch von Anfang an nur ein Kompensationsobjekt für künftige Territorialverschiebungen dar.

DIE TEXTIL- UND HANDELSSTADT HOF

Unter den drei großen Städten der Markgrafschaft Bayreuth erstrahlte die Residenzstadt Bayreuth spätestens seit dem Wirken der Markgräfin Wilhelmine (1709–1758), der Schwester des Preußenkönigs Friedrich II., in repräsentativem fürstlichem Glanz, während sich die aufstrebende Hugenottenstadt Erlangen 1743 der Gründung einer landesherrlichen Universität erfreuen konnte. Dagegen schlug in der äußerlich unscheinbaren Stadt an der Saale das wirtschaftliche Herz des Fürstentums. Seit dem 15. Jahrhundert wurde in Hof Baumwolle verarbeitet und je nach Mode gefertigte Baumwolltücher stellten einen weithin gefragten Exportartikel dar. Gegen Ende des 18. Jahrhunderts fand fast jeder vierte im Baumwollgewerbe der beiden Fürstentümer Ansbach und Bayreuth Beschäftigte seine Arbeit in Hof. Der Anteil des hier geschaffenen Produktionswertes lag innerhalb des Bayreuther Fürstentums bei nahezu 50 %. Zudem hatten sich in Hof mehrere mazedonische Baumwollgroßhändler niedergelassen, die nicht nur die Region mit mazedonischer, levantinischer und westindischer Baumwolle versorgten, sondern die Saalestadt zu einem der größten Baumwollmärkte Deutschlands machten.

Begünstigt wurde diese Entwicklung durch den Umstand, dass Hof im Schnittpunkt mehrerer Fernhandelsstraßen lag. So kreuzten sich in der Saalestadt die Verbindungen von Augsburg und Nürnberg nach Leipzig sowie die von Magdeburg und Halle nach Regensburg. Zudem führte die Frankenstraße, auch Sächsische Bergstraße genannt, von Hof über Freiberg in Sachsen nach Dresden, wo sie Anschluss an die Hohe Straße Richtung Schlesien fand. So waren Hofer Kaufleute nicht nur auf den bekannten Messeplätzen Leipzig, Nürnberg und Frankfurt/Main vertreten, sondern es versammelten sich – einem Bericht des französischen Gouverneurs zufolge – auch »Kaufleute aus Sachsen, Böhmen und anderen Gegenden« auf »den großen Messen in Hof«. Und Wirth erinnerte sich in seiner Autobiografie, den Denkwürdigkeiten aus meinem Leben, noch »deutlich« an die »beträchtlichen Güterzüge«, die er in seiner Knabenzeit »täglich« sah. Kein Wunder, wenn die Saalestadt neben einer kaiserlichen auch eine kursächsische Poststation beherbergte, von denen man nach den Worten des Landeshauptmannes Philipp Ludwig von Weitershausen »nicht allein durch ganz Deutschland, sondern auch durch ganz Europa die besten und schleunigsten Bestellungen« machen konnte.

DIE FAMILIE WIRTH

Johann Georg August Wirth entstammte einer angesehenen Hofer Postmeisterfamilie. Sein Großvater Johann Gottlob Joachim Wirth betrieb seit 1765 als kaiserlicher Reichspostmeister die Posthalterei, also die Geschäftsstelle, während

Alter Poststall in Hof, Unteres Tor 4, mit Gedenktafel für Johann Georg August Wirth. Das Gebäude wurde im 19. und 20. Jh. lange Zeit als Gastwirtschaft unter der Bezeichnung »Poststall« oder »Bayerischer Hof« genutzt.

der Onkel als Poststallmeister für die Erledigung der Ritte und Fahrten verantwortlich war. Diese Aufgabe fiel 1794 Wirths Vater Johann Adam Gottlieb zu. Als 1799 auch die Expedition der kursächsischen Post Wirths Großvater übertragen wurde, nahm die Familie Wirth im Hofer Postwesen eine Monopolstellung ein.

Wirth beschrieb seinen Vater als einen tatkräftigen Mann, kühnen Reiter und leidenschaftlichen Jäger, »lebhaft bis zur Heftigkeit« und »bei Gefahren trotz des angeborenen Feuers kaltblütig und geistesgegenwärtig«. Auf der anderen Seite sei er »gütig und mild« gewesen und habe sich – »begabt mit dem weichsten Herzen« – stets als Wohltäter der Armen erwiesen. Ein Sturz vom Pferde leitete ein längeres Siechtum ein, das den erst Dreiunddreißigjährigen am 6. Dezember 1803 zum Tode führte. Noch auf dem Sterbebett soll er sich um die Versorgung seiner Frau und ihrer fünf unmündigen Kinder gekümmert haben. Da Wirth beim Ableben seines Vaters erst fünf Jahre alt war, entspricht das in den Denkwürdigkeiten gezeichnete Bild des Poststallmeisters wohl vor allem der in der Familie gepflogenen Tradition.

Wirths Mutter Wilhelmina Augusta Albertina, eine Pfarrerstochter aus dem sächsischen Theuma, die der Sohn für »womöglich noch feuriger und heftiger« hielt als den Vater, machte fortan die Erziehung und gute Ausbildung der Kinder zu ihrer Lebensaufgabe. Doch blieben weitere Schicksalsschläge nicht aus. Schon kurze Zeit nach dem Tode des Vaters verstarb auch Wirths jüngerer Bruder Franz August. Als gegen Ende des Jahres 1813 infolge zahlreicher Truppendurchzüge das »Nervenfieber«, vermutlich das Fleckfieber, nach Hof eingeschleppt wurde, erkrankte der ältere Bruder Johann Sebastian Christian, ein »Jüngling von unbeschreiblicher Herzensgüte«, und erlag dieser Seuche im folgenden Jahr. Der Tod seines Bruders traf Wirth hart, noch mehr das bei ihm ebenfalls ausbrechende Nervenfieber. Obwohl er durch die geschickte Behandlung des Landarztes Gräfe gerettet wurde, fühlte er sich im Inneren »so öde, dass ich den Tod als Freund ersehnt hatte«. Nachdem auch die ältere Schwester verstorben war, wurde es einsam im Hause Wirth. Dem einzig überlebenden Bruder verblieb schließlich nur noch die jüngere Schwester, die aber bei einer Tante in Wunsiedel aufwuchs.

SCHULE UND BILDUNG

Nach eigenen Angaben besuchte Wirth schon mit vier Jahren die »Bürgerschule« seiner Heimatstadt. Hinter dieser vornehmen Umschreibung verbarg sich nur die Tristesse des damaligen deutschen Schulwesens. Da die vier Hofer Volksschullehrer einen erheblichen Teil ihrer Einkünfte aus dem Schulgeld bezogen, drängten sich zeitweise bis zu 90 Kinder in einer engen Schulstube. Mehr als das Erlernen einiger elementarer Kenntnisse in Lesen, Schreiben und Rechnen war da nicht zu erwarten. Überlegungen für den Bau eines zweckmäßigen Schulhauses und einer steuerbasierten Besoldung der Lehrer standen zwar im Raum, konnten jedoch in der relativ kurzen Zeit der preußischen Herrschaft nicht mehr realisiert werden. Für den lernbegierigen Knaben musste der Übertritt an

Die Gedenktafel wurde zum 150. Geburtstag Wirths am 20. November 1948 von der Stadt Hof angebracht – mit falschem Todesdatum. Neuere Forschungen haben ergeben, dass Wirth nicht hier, sondern im Haus Ludwigstraße 28 geboren wurde.

das Hofer Gymnasium im Alter von acht Jahren wie eine Befreiung gewirkt haben. Das Gymnasium Albertinum zählte nicht nur zu den ältesten Lehranstalten seiner Art im späteren Königreich Bayern, sondern genoss auf Grund seines fast schon akademischen Niveaus einen ausgezeichneten Ruf.

Wirth fand vor allem an der griechischen Sprache so großen Gefallen, dass er sich schon in der Frühe um fünf Uhr an seinem Arbeitstisch einfand, »und wenn man mich aus Rücksicht auf die Gesundheit zuweilen nicht wecken ließ, so empfand ich bittern Verdruss«. In seinen Denkwürdigkeiten beschreibt Wirth, wie es ihm »noch jetzt gegenwärtig [sei], mit welcher Begeisterung wir den Schilderungen der Freiheit und der edlen Nationalzustände der Griechen und Römer zuhörten«. Auch wenn wir derartige Äußerungen über sich selbst als Schüler und den Unterricht am Hofer Gymnasium nicht als bare Münze nehmen können, so sollte nicht übersehen werden, dass der gereifte Schriftsteller hier seiner alten Schule ein literarisches Denkmal setzte.

Umso gravierender empfand Wirth den Einschnitt in sein Leben, als die königlich bayerische Regierung 1811 die ehrwürdige Hofer Lehranstalt mit einem »Federstrich« auflöste und der 13-jährige Jüngling gezwungen war, seine Studien am Bayreuther Gymnasium fortzusetzen.

Hof wird bayerisch

Nachdem Napoleon 1810 das Fürstentum Bayreuth für 15 Millionen Francs dem bayerischen König Max I. Joseph überlassen hatte, wurde am 4. Juli das Besitzergreifungspatent in Hof verkündet. Fünf Tage später wurden die Amtsträger der Stadt auf den neuen Landesherrn vereidigt. Bei einem feierlichen Gottesdienst in der Michaeliskirche zum Abschluss der würdevollen Handlung fielen »Thränen des Dankes von den Augen der gerührten Anwesenden«. Sofern diese Empfindungen echt waren, so sollten die Beteiligten bald eines anderen belehrt werden. Wie Wirth in seinen Denkwürdigkeiten ausführt, hatte die preußische Regierung viel Geld in den Ausbau der Infrastruktur des Landes investiert, namentlich in den Bergbau, die Landwirtschaft und das Fabrik- und das Schulwesen. »In Ansehung des Handels hatte Preußen damals den Grundsatz niedriger Zölle, und diese waren wenigstens im Fürstenthum Baireuth so gering, daß sie z. B. im Hauptgrenzort Hof von einem einzigen Beamten verwaltet wurden. [...] Kaum hatte aber Baiern Besitz ergriffen, so erschien eine Fluth von Verordnungen, welche alle Zustände des Landes zu ihrem Nachtheil umstießen. [...] Zudem wurden die vorzüglichsten Beamten des Landes, welche durch langjährige Erfahrung mit den Bedürfnissen des Volkes vertraut waren, in andere bairische Provinzen versetzt, und an ihrer Stelle Altbaiern ernannt, die weder die Gesetze noch die Sitten unsres Landes kannten. [...] Um das Unglück voll zu machen, sandten die Baiern zur Ablösung des einzigen preußischen Zollbeamten ein ganzes Heer von Zöllnern mit Einrichtungen, wodurch der Handel ungemein beschränkt ward.« Wirth krönte seine Kritik an den Maßregeln der bayerischen Regierung mit einer Anekdote, in der sich einmal mehr die von ihm geschätzte Hofer Spottlust offenbarte. Zum Bemühen der bayerischen Behörden, alle Zeichen der preußischen Herrschaft zu verwischen, »gehörte unter andern ein schwarzer Adler, welcher an das Thor des Kammeramts-Gebäudes in Hof gemalt war. Man ließ denselben sorgfältig überstreichen; doch so dick die Farbe auch aufgetragen wurde, immer kam der fatale Adler wieder zum Vorschein. Einige Leute hielten dieß für eine Vorbedeutung, daß das Land bald wieder preußisch werde, die meisten ergötzten sich dagegen an dem närrischen Vorfall, weil er Aerger der bairischen Beamten erregte, und wenn man den Anstreicher mit seinem dicken Pinsel auf das Kammeramtsgebäude zueilen sah, so hieß es unter krampfhaftem Gelächter: ›der Adler ist schon wieder da‹.«

Obwohl Wirth in Bayreuth auf manchen Bekannten aus seiner Hofer Gymnasialzeit stieß – so den ehemaligen Konrektor Johann Nikolaus Grimmer – fühlte er sich fern vom Elternhaus an der dortigen Lehranstalt nicht wohl. So verließ er Bayreuth bereits nach einem Jahr, um Fortkommen am Gymnasium in Plauen zu suchen. Indessen verschärften die französische Niederlage im Russlandfeldzug 1812 und der beginnende Freiheitskrieg gegen Napoleon die erste Lebenskrise Wirths. In der Hoffnung, einen Beitrag zur Vertreibung der Franzosen und zur Rückkehr der Preußen in seine Vaterstadt leisten zu können, trug er sich 1813 mit dem Gedanken, Soldat zu werden. Zu seinem Glück erfüllte er die militärischen Normen nicht und fand in dem Hofer Pfarrer Johann Gebhardt einen erfahrenen Pädagogen, der ihn durch Privatunterricht über Wasser hielt.

1814 fühlte sich Wirth wieder stabil genug, dass er von sich aus einen Schulabschluss am Gymnasium anstrebte. Da zu dieser Zeit die Lehranstalt in Hof immer noch geschlossen war – sie sollte nach heftigem Drängen aus der Bürgerschaft erst 1817 wieder geöffnet werden –, wechselte er an das Ägidiengymnasium in Nürnberg, das nicht zuletzt wegen seines Rektors, des Philosophen Georg Friedrich Wilhelm Hegel, einen ausgezeichneten Ruf besaß. In Überschätzung seiner Möglichkeiten wollte Wirth sogleich in die gymnasiale Oberklasse, also die Abschlussklasse, eintreten, während der Rektor ihn wegen seines noch jugendlichen Alters erst in das Progymnasium verbannen wollte. Nach längeren Hin und Her durfte Wirth dann doch in der Mittelklasse seine schulische Laufbahn fortsetzen. Auch wenn er sich als gereifter Mann in gewisser Weise vom Lehrgebäude Hegels distanzierte, lernte Wirth doch bei seinem Rektor, der sich den Unterricht in Religion und Philosophie an seiner Schule vorbehalten hatte, systematisches Denken und vor allem eine glasklare Dialektik, die den Argumenten des späteren Juristen und Publizisten eine durchschlagende Überzeugungskraft verliehen. Ob Hegel in dem jungen Wirth auch schon den »unwiderstehlichen Funken der Freiheit« entzündete, wie er in seiner Autobiografie behauptete, mag dahingestellt bleiben.

III. Auf dem Weg zu einem selbstbestimmten Leben

Anfang November 1816 bezog der knapp 18-jährige Wirth die Universität Erlangen und inskribierte sich für das Studium der Rechtswissenschaften. Obwohl die Studienverhältnisse an dieser Hochschule im Vergleich mit anderen Universitäten eher bescheiden waren, hatte Wirth kaum eine andere Wahl. Während frühere Absolventen des Hofer Gymnasiums bevorzugt in Leipzig studierten – so auch der von Wirth verehrte Jean Paul – , hätte für ihn das Studium an einer »ausländischen« Universität die Überwindung hoher bürokratischer Hürden erfordert. So kam für ihn als evangelisches Landeskind nur der Aufenthalt an der einzigen evangelischen Landesuniversität im Königreich Bayern in Frage. Für Wirth stellte diese Einschränkung freilich kein Problem dar, zumal er als Schüler in Nürnberg sicher bereits genügend Informationen über das Wesen der Hochschule in der Nachbarstadt gesammelt hatte. In seiner Autobiografie lobte er denn auch die Vertreter der Rechtswissenschaften, die seiner Meinung nach zu den »Männern des ersten Ranges« zählten. Zu besonderem Dank fühlte er sich Professor Johann Simon Erhardt verpflichtet, der die Philosophie im Sinne Herders lehrte und Wirths Abkehr von der blutleeren Terminologie Hegels einleitete. Mochten für einen angehenden Juristen noch Vorlesungen in Physiologie und Gerichtsmedizin von Nutzen gewesen sein, so diente der Besuch von Lehrveranstaltungen in Universalgeschichte und Mathematik, die Wirth schon seit seiner Hofer Gymnasialzeit besonders schätzte, sicher nur der persönlichen Geistesbildung im Sinne eines Studium Generale. Da Wirth insgesamt nur zweieinhalb Jahre in Erlangen studierte, zwischendurch krankheitshalber bei seiner Mutter in Hof weilte und sich auch im Erlangener Studentenleben engagierte, stellt sich allerdings die Frage, wie tiefgründig eine solche akademische Ausbildung gewesen sein kann.

EIN ARMUTSZEUGNIS FÜR WIRTH

Seine größte Unterstützung für Schulbesuch und Studium erhielt Wirth von der Mutter, die für ihren Lieblingssohn nicht nur alle Ersparnisse aufwandte, sondern durch zahlreiche Bittgesuche an die Regierung des Obermainkreises, die Universität sowie die lokalen Hofer Behörden versuchte, Wirth vor der Schuldenfalle zu bewahren. Schon die Schließung des Hofer Gymnasiums hatte Wilhelmina Wirth zusätzliche Kosten für die auswärtige Unterbringung ihres Sohnes verursacht. Auf Verlangen der »pensionierten Poststallmeisterin« attestierte das Polizeikommissariat Hof am 1. April 1815, »daß die Mutter des in Nürnberg studierenden Sohnes Georg August Wirth arm und unvermögend und ausser Stand ist, denselben aus eigenen Mitteln auf dem Gymnasium zu erhalten«. Ob dieses Armutszeugnis zum gewünschten Erfolg führte, geht allerdings aus den Akten nicht hervor.

Noch kritischer stellte sich die Lage nach Wirths Studienbeginn in Erlangen dar: Bekanntlich ging das Jahr 1816 vielerorts als das »Jahr ohne Sommer« in die Annalen ein. Dass ein gewaltiger Ausbruch des indonesischen Vulkans Tambora 1815 jene Klimaverschlechterung verursachte, war den Zeitgenossen noch nicht bewusst; umso mehr litten sie unter der Teuerung auf Grund eines teilweise völligen Ernteausfalls. Die Preissteigerungen für Lebensmittel machten selbst den Erlangener Professoren zu schaffen, für einen mittellosen Studenten waren sie schlicht eine Katastrophe. Unter diesen Umständen war den Bemühungen von Wilhelmina Wirth und Wirths Vormund, dem Hofer Kantor Johann Erdmann Link, um einen Erlass der Studiengebühren, die Gewährung eines Freitisches oder gar eines Stipendiums wenig Erfolg beschieden. Obwohl die Bittsteller 1817 Atteste der Professoren Johann Georg Meusel und Martin Ohm, eines jüngeren Bruders des bekannten Physikers Georg Simon Ohm, vorlegen konnten, die Wirth einen sehr fleißigen Besuch ihrer Vorlesungen in Universalgeschichte und Mathematik bescheinigten, hielten die Behörden in Bayreuth und Hof die Witwe Wirth hin und vertrösteten sie bezüglich der in der Saalestadt vorhan-

Karl Ludwig Sand und die Burschenschaften

In Erlangen traf Wirth noch einmal auf Karl Ludwig Sand, einen alten Schulkameraden aus den Hofer Tagen, mit dem er des Öfteren zu Fuß in dessen Heimatstadt Wunsiedel gewandert war. Sand war nach der Schließung des Hofer Gymnasiums mit Rektor Georg Heinrich Saalfrank nach Regensburg gegangen, um seine schulische Ausbildung abzuschließen. Im Herbst 1814 begann er in Tübingen ein Studium der evangelischen Theologie und schloss sich der Studentenverbindung Teutonia an, die unter dem Einfluss ihrer geistigen Väter – Ernst Moritz Arndt, Johann Gottlieb Fichte und dem »Turnvater« Friedrich Ludwig Jahn – burschenschaftliche Ideale und nationale Ziele verfolgte. Sand durchlief eine Phase der Politisierung und wurde gleichzeitig in seinem glühenden Hass gegen Napoleon gestärkt. Auf die Nachricht von der Rückkehr des Korsen von Elba nach Frankreich trat Sand als Freiwilliger in das Jägerkorps des Rezatkreises, einer bayerischen Infanterieeinheit, ein, ohne jedoch in Kampfhandlungen verwickelt zu werden.

Nach der Entlassung aus dem Militärdienst immatrikulierte er sich an der Universität Erlangen, nachdem ihm die bayerischen Behörden den Besuch einer »ausländischen« Universität untersagt hatten. Zu seinem Entsetzen fand er hier in der Studentenschaft das rückwärts gewandte, unpolitische Regime der Landsmannschaften vor, die eben aus diesem Grunde von Professorenschaft und bayerischen Behörden geduldet wurden. Ein Versuch, durch seinen Eintritt in die Landsmannschaft Franconia die Phalanx der Landsmannschaften von innen aufzurollen und mit burschenschaftlichem Geist zu erfüllen, scheiterte ebenso wie die Hoffnung, durch die Gründung eines Erlangener Ablegers der Teutonia den Burschenschaften den Weg zu ebnen. Enttäuscht verließ Sand im September 1817 die mittelfränkische Stadt, ohne weiteren Einfluss auf die Entwicklung der Erlangener Burschenschaft zu nehmen. Nach der Teilnahme beim Wartburgfest am 18. Oktober 1817, wo eine protestantisch-deutsche Studentenschaft dem vierten Jahrestag der Völkerschlacht bei Leipzig und den Beginn der Reformation vor 300 Jahren feierte, bezog Sand mit behördlich-bayerischer Erlaubnis die Universität in Jena, die Hochburg der Burschenschaften schlechthin. Dort radikalisierte sich der in den Augen Wirths der »Schwärmerei« verfallene Theologiestudent unter dem Einfluss seines akademischen Lehrers Karl Follen so weit, dass in ihm Attentatspläne reiften. Als Ziel machte Sand den Lustspieldichter und Staatsrat in russischen Diensten August von Kotzebue, einen erklärten Gegner der Burschenschaften, aus. Der erfolgreiche Mordanschlag am 23. März 1819 führte zur Verhaftung und Verurteilung Sands, wobei es dem Täter noch gelang, sich selbst zum Opfer für die nationale Sache zu stilisieren. Als wichtigste Auswirkung jenes Attentats gelten die sog. »Karlsbader Beschlüsse« vom Sommer 1819, mit denen auf Betreiben des österreichischen Staatskanzlers Klemens Wenzel von Metternich der Deutsche Bund nicht nur die Burschenschaften verbot und massiv in das Universitätsleben eingriff, sondern auch mit einer verschärften Pressezensur und der Einschränkung der Meinungsfreiheit die späteren Wirkungsmöglichkeiten Wirths beschränkte.

denen vier Stipendien à 50 fl auf unbestimmte Zeit. So kam es, dass Wirths Schulden am Ende seiner Studienzeit auf über 300 fl angewachsen waren. Außer bei drei Zimmervermietern stand er hauptsächlich bei mehreren Wirten in der Kreide. Auf Grund eines von ihm selbst entworfenen Vertrages begann er 1821 mit der Abzahlung seiner Schulden.

Der Gerechtigkeit halber darf aber nicht verschwiegen werden, dass Wirths Schulden nur zum Teil aus der allgemeinen Teuerung resultierten. Wie die Universität 1818 seinem

Vormund mitteilte, habe sich Wirth seine Notlage selbst zuzuschreiben, da er einen »äusserst liederlichen Lebenswandel« führe und sich »dem Trunk ergeben« habe. In der Tat bekannte Wirth in seinen Denkwürdigkeiten, dass er während des Studiums kein »Muster des Fleißes« gewesen sei und er dem »berühmten Erlanger Bier« manchmal mehr zugesprochen habe, als es billig sein mochte. Natürlich geschah dies weniger im stillen Kämmerlein als im Rahmen studentischer Festivitäten, insbesondere der Landsmannschaften, als deren »großen Verehrer« Wirth sich bezeichnete.

Im Unterschied zu dem drei Jahre älteren Sand ließ das studentische Leben Wirths noch keine klare Linie, vor allem aber noch keine politische Prägung erkennen. Wie jener trat Wirth 1817 in die Landsmannschaft Franconia ein, engagierte sich aber dann nach einem baldigen Ausschluss aus dieser Verbindung im burschenschaftlichen Sinne, um zuletzt im »Gasthaus zum goldnen Herz« den »Umgang erfahrner Männer«, also vornehmlich Professoren, Ärzte, Beamte und Pfarrer, zu suchen, die ihm beim Abschluss des Studiums und dem Übergang in das Berufsleben von Nutzen sein konnten. Dass er sich bei einem derartigen Leben nicht nur finanziell übernahm, sondern wohl auch seine Gesundheit aufs Spiel setzte, nahm er billigend in Kauf.

EINTRITT IN DEN BERUFS- UND EHESTAND

Im Frühjahr 1819 verließ Wirth Erlangen, um in Schwarzenbach an der Saale eine Stellung als Praktikant beim Fürstlich Schönburgischen Patrimonialgericht anzutreten. Dort überhäufte ihn Amtmann Johann Wilhelm Werner mit einer Fülle von Akten und liegengebliebenen Rechtsfällen, die Wirth nach eigenen Angaben sehr systematisch und in kurzer Frist erledigte. Dabei gewann er das Vertrauen seines Vorgesetzten so sehr, dass seine »Stellung in Schwarzenbach bald sehr angenehm wurde«. Einen ehrgeizigen und fortschrittlichen Juristen, für den sich Wirth ausgab, konnte freilich diese Situation nicht befriedigen. Schließlich handelte es sich bei den Patrimonialgerichten um Relikte einer überholten adligen Ständegesellschaft, die den Prinzipien einer modernen Staatsverwaltung widersprachen. Daran änderte auch die Tatsache nichts, dass das Königreich Bayern in seiner Verfassungsurkunde vom 26. Mai 1818 jenen Institutionen die streitige Gerichtsbarkeit wieder zurückgegeben hatte. Auch wenn Wirth in seiner Autobiografie Schweigen darüber ausbreitete, musste es ihm zudem wohl klar gewesen sein, dass er das erstrebenswerte Ziel einer Beamtenschaft im höheren Staatsdienst niemals erreichen konnte. Dazu hätte es nicht nur eines dreijährigen Studiums bedurft; er hätte darüber hinaus etliche Jahre in dienender Funktion ohne nennenswerte Bezahlung absolvieren müssen. Das war angesichts seiner miserablen finanziellen Lage kaum denkbar.

Nichts desto trotz strebte Wirth nach Höherem. Schon 1820 zog er sich nach Hof zurück, um sich erneut in das Studium des römischen Rechts zu vertiefen. Wahrscheinlich arbeitete er zu diesem Zeitpunkt bereits an seiner Doktorarbeit, die er zur Promotion an der Universität Halle vorzulegen gedachte. Auch über diesen Vorgang verliert der sonst so mitteilungsfreudige Wirth in seinen Denkwürdigkeiten bezeichnenderweise keine Silbe. Stattdessen verbreitet er sich seitenlang über die Geniestreiche schrulliger Hofer Originale. Offensichtlich ist es ihm peinlich, sein Scheitern darzulegen. Wirth strebte nämlich eine wissenschaftliche Karriere an der Universität Breslau an und übersiedelte deshalb 1821 nach Schlesien. Da er aber die Gebühr für seine Promotion nicht zu bezahlen vermochte, verweigerte ihm die Universität Halle die Aushändigung seines Doktordiploms. Somit war das Ende seiner Dozentenlaufbahn besiegelt. Daran änderte auch die Tatsache nichts, dass 1823 ein Handbuch der Strafwissenschaft und Strafgesetzgebung in Breslau erschien, das aus seiner Feder stammte. Durch Privatunterricht und schriftstellerische Arbeiten hielt er sich mühsam über Wasser, vermochte aber immer weniger eine Familie zu ernähren. Immerhin hatte er noch vor seinem Umzug nach Breslau 1821 seine Verlobte Regina, eine Schwester des Schwarzenbacher Amtsmannes Werner, geheiratet und dem jungen Paar wurde

Regina Wirth (1792–1871), Öl auf Leinwand, unbekannter Maler zwischen 1830 und 1840.

schon im folgenden Jahr als erstes Kind Sohn Max (eigentlich Maximilian Wilhelm Gottlob) geboren. Unter diesen Umständen verglich Wirth sein Leben mit dem des Armenadvokaten Siebenkäs aus Jean Pauls gleichnamigem Roman.

IV. Die Bayreuther Jahre

BIEDERMEIER IN BAYREUTH

Der Himmel auf Erden war Wirths Leben in Bayreuth gewiss nicht, dennoch zählten die Bayreuther Jahre zu den glücklichsten seines Lebens. Sie begannen im März 1823 mit dem Eintritt in die Kanzlei des angesehenen Bayreuther Rechtsanwaltes Georg Friedrich Ferdinand Keim. Schnell entwickelte sich ein gutes Vertrauensverhältnis zwischen ihm und seinem neuen Mitarbeiter, der durch seine Schnelligkeit ebenso zu beeindrucken wusste wie durch seine Sorgfalt und umfassenden Kenntnisse. Sein Stundenpensum bei Keim ließ Wirth genügend Raum, auch anderweitig auf eigene Rechnung Rechtsgeschäfte zu tätigen. Dadurch und durch ein festes Salär von Keim hatte er finanziell ausgesorgt. Die »Dornen der Siebenkäsischen Zeit« verwandelten sich in »Blumen- und Fruchtstücke«. Davon profitierte auch das Familienleben: Im Juli 1826 erblickte der zweite Sohn Franz Ulpian, im November des folgenden Jahres Tochter Rosalie Christiane das Licht der Welt. Nach dem großen Stadtbrand von Hof 1823 war bereits Wirths Mutter von der Familie in Bayreuth aufgenommen worden.

Hatte sich Wirth in Breslau noch ziemlich isoliert gefühlt, so fand er am Roten Main bald Anschluss an die biedere Beamtengesellschaft. Wie in Erlangen lag der Schlüssel hierfür in dem »ganz vorzüglichen« Bier. Man traf sich vorzugsweise in »kleinen niedlichen Schenkstübchen« oder im privaten Kreis, wo es meist recht lustig zuging. Auch wenn die Bayreuther Honoratioren in Sachen Humor nach Wirths Meinung mit den »überlegenen Höfern« nicht ganz mithalten konnten, empfand es Wirth doch als Genugtuung, seinem poetischen Idol Jean Paul – selbst ein großer Verehrer des Bayreuther Bieres – noch persönlich begegnen zu können. So liebte er es, sowohl in seinen Denkwürdigkeiten wie in dem autobiografischen Roman Walderode bei der Darstellung von Idyllen den Altmeister zu imitieren. Auf seinen Dienst- und privaten Reisen in das Fichtelgebirge und ins Vogtland sowie in die Fränkische Schweiz begegneten ihm zahlreiche schrullige Personen und Käuze, die er liebevoll in Anekdoten und Schwänken porträtierte. Insbesondere angetan hatte es ihm der Hofer Medizinalrat Hechtel, der trotz seines knorrigen Aussehens wie der »Ritter von la Mancha« bei den leiblichen Genüssen weder Maß noch Ziel zu kennen schien.

BAYERISCHES RECHTSWESEN

War Wirths Breslauer Strafrechtsbuch, von dem sich der Autor später weitgehend distanzierte, noch meist rein akademischen Prinzipien verpflichtet, so änderten sich die folgenden juristischen Abhandlungen des »jungen Rechtsgelehrten« unter dem Einfluss der täglichen Praxis in der Kanzlei Keim hinsichtlich Inhalt und Zielsetzung. Angesichts einer heillosen Zersplitterung der bürgerlichen Prozessgesetzgebung in 50 verschiedene Zivilrechte unterbreitete Wirth in verschiedenen Denkschriften Vorschläge für eine Reform und Vereinheitlichung der zivilen streitigen Gerichtsbarkeit in Bayern. Vor allem erboste ihn die »Fiskalität« des bayerischen Gerichtswesens. Während im Fürstentum Bayreuth in preußischer Zeit der Grundsatz galt, dass Prozesse in der Regel binnen Jahresfrist in allen Instanzen entschieden werden sollten, zielte das bayerische Verfahren auf eine schier unendliche Verschleppung der Prozesse, weil der Staat die Einnahmen aus den Gerichtsgebühren als gute Finanzquelle betrachtete. Als besonders krasses Beispiel führte Wirth den Fall mehrerer Bauern aus dem Kammeramtsbezirk Bayreuth an, die auf fester Vertragsbasis preußischen Truppen vor dem Ausbruch des Krieges von 1806 Naturalien geliefert hatten. Die Niederlage gegen Napoleon verhinderte eine Entschädigung der Bayreuther Bauern durch die Krone Preußens, doch verpflichtete sich Frankreich im Tilsiter Frieden zur Übernahme jener Verbindlichkeiten. Diese gingen 1810 an das Königreich Bayern über, ohne dass die Behörden auch nur einen Finger rührten. Daran änderte auch die Verkündung der bayerischen Verfassung von 1818 nichts, die dem Fiskus die Regelung derartiger Ansprüche rechtsverbindlich auferlegt hatte.

Nachdem auch Vergleichsverhandlungen gescheitert waren, beschritt die Kanzlei Keim, und das hieß vor allem Wirth, den Weg durch alle Instanzen, um schließlich vom Oberappellationsgericht in München die verblüffende Mitteilung zu erhalten, dass bayerische Richter im Hinblick auf eine staatsübergreifende Angelegenheit gar nicht zuständig seien. Dass der Rechtsstreit nach vielen Jahren für die Bauernschaft dennoch ein glimpfliches Ende fand, verdankten sie letztlich einer Berufung an die Bundesversammlung des Deutschen Bundes in Frankfurt.

Die »Unsterblichkeit der Prozesse« mit einer Fülle von prozessleitenden Dekreten, Protokollen, Zwischenurteilen, Einsprüchen und Berufungen erscheinen uns heute wahrhaft kafkaesk. Viele Betroffene wurden damals zermürbt, verloren ihr Vertrauen in die Justiz und gaben auf. Das brachte auch Wirth als Anwalt mitunter in eine unangenehme Lage. Und als er mit seinen Reformvorschlägen bei der bayerischen Staatsregierung abblitzte, empfand er zum ersten Mal »Bitterkeit«.

NATIONALÖKONOMIE

Schon in seiner Erlangener Studienzeit war Wirths Interessenspektrum breit gefächert. Später betätigte er sich ähnlich wie Jean Paul als Autodidakt auf verschiedenen Wissensgebieten. Dabei entdeckte er auch die Nationalökonomie für sich. Literarisch verbrämt schilderte er sein Schlüsselerlebnis aus der Perspektive seines Spiegelbildes Walderode, der im Jahre 1829 auf einer Reise in das Bayreuther Oberland erkennen musste, wie sehr die einst blühende Montanindustrie in Frankenwald und Fichtelgebirge in Gestalt von Erzgruben, Hochöfen und Hammerwerken sowie die Baumwoll- und Leinenweberei brach darniederlagen. Im Gespräch mit Bewohnern des Landes kristallisierte sich sehr schnell die völlig überzogene bayerische Maut als Wurzel allen Übels heraus. Sie verhinderte auf der einen Seite einen fairen Handel und damit den Absatz heimischer Produkte und zwang auf der anderen Seite die arbeitslos gewordenen Menschen in das

Die Krankheit des Staates

»Der Doktor, obgleich erst 30 Jahre alt, hatte das Leben durch eine 9jährige Rechtspraxis bereits nach vielseitigen Richtungen kennen gelernt: er wußte, daß man dem Uebel niemals ganz entgehen könne, daß Ueberschuldungen, richterliche Exekutionen, Klagen über Nahrungslosigkeit im Einzelnen zu allen Zeiten stattfinden würden; allein was er gegenwärtig erfuhr, war kein natürlicher Zustand, kein gewöhnliches Uebel, sondern eine Krankheit des Staates, veranlaßt durch fehlerhafte Regierungs-Maximen; es war die Kurzsichtigkeit einer Staatsleitung, welche bei dem Fortschreiten der Zeit still gestanden war, an Vorurtheilen klebte, und die Bedürfnisse des Volkes weder kannte, noch zu befrieden verstand. Seit Jahren über die nothwendigen Reformen in den National-Zuständen nachdenkend, fühlte Walderode, durch die neuen, bittern Erfahrungen angeregt, das lebhafteste Verlangen, wie vor 3 Jahren in Beziehung auf Justiz, so jetzt in Ansehung der Nationalwirthschaft seine Stimme öffentlich zu erheben, und unter treuer Schilderung der Lage des Volkes die Landes-Regierung in verschiedenen Teilen der Gesetzgebung und Verwaltung um Einleitung durchgreifender Verbesserungen wiederholt anzugehen. Solcher Gedanke, bald zum Entschlusse gereift, verscheuchte in dem Gemüthe des jungen Mannes den Trübsinn wieder, und ungleich heiterer langte er Abends in Hof an.«

Schmuggelwesen, was letztlich die gesamte Gesellschaft materiell und moralisch korrumpierte.

In der Tat war Wirth bereits 1828 mit dem Plan zur Begründung eines blühenden Nationalwohlstandes des preußischen Volkes erstmals als Autor einer nationalökonomischen Schrift an die Öffentlichkeit getreten. Die Fragen, die mit dieser Publikation verbunden sind, erscheinen auch heute noch nicht hinreichend beantwortet zu sein. Vermutlich waren die wiederum handbuchartig in Paragrafen gefassten Gedanken Wirths nur an ein Fachpublikum gerichtet und sollten ihn als kompetenten Reformer empfehlen. Bemerkenswert ist die alleinige Ausrichtung auf den preußischen Staat. Das mag daran liegen, dass Wirth seit seiner Jugendzeit Preußen im Vergleich zu Bayern für den fortschrittlicheren Staat hielt. Möglicherweise lag es aber auch an der schieren Größe Preußens, die eine günstigere Voraussetzung für eine Realisierung seiner Vorschläge bot. Auf jeden Fall bewegte sich der Autor noch nicht in der Kategorie der nationalen Einheit Deutschlands. So ist es auch verständlich, warum Wirth sich noch nicht zum Freihandel bekannte, sondern moderate Zölle befürwortete.

Auf der anderen Seite entpuppte sich Wirth aber als Wirtschaftsliberaler, der für die Gewerbefreiheit und die völlige Bauernbefreiung eintrat. Und in seiner Forderung nach dem Bau von Eisenbahnen und Kanälen befand er sich in bester Gesellschaft mit dem berühmten Nationalökonomen Friedrich List. Wie schon angedeutet, rezipierte Wirth recht unterschiedliche wirtschaftstheoretische Ansätze und brachte sie in ein durchaus schlüssiges System, von dem er überzeugt war, dass es den Wohlstand und die Macht des preußischen Staates heben könnte.

ROMANTISCHES GESCHICHTSBILD

Sowohl für sein juristisches wie sein volkswirtschaftliches Gedankengebäude benötigte Wirth die Verankerung in einen tragfesten Überbau. Diesen fand er schon im Laufe der Bayreuther Zeit in einem Konstrukt der mittelalterlichen Staatsverfassung. Wiederum ist es Walderode, der Wirth als Sprachrohr seiner Gedanken diente. Offen und keineswegs selbstkritisch bekennt der Autor, dass diese einem »stark ausgeprägten romantischen Anflug« entsprungen seien. In einem jahrelangen Studium der Geschichte wächst in Walderode die Bewunderung für die mittelalterliche Reichsverfassung. Zwar ist er nicht so verblendet, dass er nicht deren Schwächen erkennt, so das Wesen der Leibeigenschaft, die

Unmenschlichkeit des alten Strafrechtes oder den Entzug von Geistesbildung, Freiheit und Wohlstand für den größten Teil des Volkes. Aber »bei sachgemäßer Ausdehnung der Freiheit auf die Massen musste die Reichsverfassung des Mittelalters der vollendeteste Ausdruck von Schönheit und Weisheit werden«.

Die Idee der Freiheit und Menschenwürde
»Durch die historischen Studien wurde er [Walderode] belehrt, daß fast jeder der verschiedenen Zeiträume der menschlichen Entwicklung eine besondere geistige Triebfeder nachweise, und so wie diese in der verhältnißmäßigen Blüthe des Mittelalters der tiefe Glaube mit seinen Anforderungen von Wohlanständigkeit und Ehrbarkeit war, so glaubte er die Triebkraft für die bessern Zeiten der Zukunft in der mächtigen Idee der Freiheit und Menschenwürde zu finden, gegründet auf erweiterte Einsicht in die Weltordnung, und ruhend auf Geistesbildung, Tugend und Sitten-Reinheit. Unter diesem Gesichtspunkt erschien ihm die Freiheit nicht bloß als eine Angelegenheit des äussern Wohlbefindens, sondern als belebende, sittliche Kraft, welche auf Veredlung des menschlichen Geistes hinwirkt. Durch die reichen Erfahrungen seiner Rechtspraxis hatte Walderode jedoch die Einflüsse der Armuth auf Ehrbarkeit und Charakterstärke genau kennen gelernt, und sehr deutlich gesehen, daß ohne einen gewissen mäßigen Wohlstand die Völker niemals zu Freiheit, höherer Sittlichkeit und Selbständigkeit gelangen können.«

Ohne Zweifel entsprang Wirths Glaube an die Fruchtbarkeit der Freiheit und die Hebung der Sittlichkeit durch Bildung dem Gedankengut der Aufklärung; auch die Brüderlichkeit darf durch die sozialen Elemente seiner Denkschriften als hinreichend belegt gelten. Was ihn als Liberalen jedoch von überzeugten Anhängern der Aufklärung trennte, war das fehlende Bekenntnis zur Gleichheit. In einem Gespräch mit dem

Regierungspräsidenten des Obermainkreises lässt er Walderode explizit sogar ein Plädoyer für den Ständestaat ablegen mit den Worten: »Ich bin ein Verehrer der Freiheit, doch mit ›Gleichheit‹ bitte ich mich zu verschonen, da ich die Verschiedenheit der Stände, wo dieselbe nur nicht erkünstelt ist, sondern natürlich aus den Verhältnissen des Lebens hervorquillt, zur Schönheit der Staatszustände für notwendig erachte.« Letztlich verbarg sich hinter Wirths in das ferne Mittelalter gerückte Staatsideal die utopische Vorstellung, dass bei entsprechender Freiheit und hinreichendem materiellem Wohlstand jeder Stand nach seiner Fasson selig werden könne, ohne dass es zu einer völligen politischen und sozialen Gleichheit aller Menschen kommen müsse. Keine Frage, dass eine solche Ideologie mit demokratischen Grundsätzen nicht zu vereinbaren war.

V. Im Kampf um die Pressefreiheit

»Mit eigentlicher Politik wollte ich mich früher weniger beschäftigen; doch seit einiger Zeit hatten sich auch in dieser Hinsicht meine Begriffe erweitert, und es hob damit ein neuer Abschnitt meiner Entwicklung an.« So umschrieb Wirth in seiner Selbstbiografie seine politische Profilbildung in den zwanziger Jahren, während er sich in dieser Zeit zu einem echten Liberalen mauserte. Freiheit der Presse, der Gewerbe und des Handels, Selbstverwaltungsrecht der Kommunen sowie die Schaffung von Volksvertretungen mit einer Ministerverantwortlichkeit gegenüber den Parlamenten waren für ihn nun unverzichtbare Elemente freier Volkszustände. An diesem Punkt angelangt, stand Wirth am Scheideweg: Für die Rechtsfälle in der Kanzlei Keim hatte er längst Routine erlangt, eine juristische Weiterentwicklung in Bayreuth war nicht mehr möglich und aus dem provinziellen Denken in der oberfränkischen Beamtenstadt bezog er keine entscheidenden geistigen Impulse. Eine wissenschaftliche Laufbahn blieb ihm ebenso versperrt wie der Aufstieg in eine höhere Beamtenlaufbahn. Wollte er politische Ambitionen verwirklichen, hätte er sich zur Wahl für die zweite Kammer des bayerischen Landtages stellen müssen. Doch dazu fehlte es ihm noch an politischer Vernetzung und gesellschaftlicher Reputation. Um »Herold« einer neuen Zeit zu werden, blieb Wirth in der Tat nur der Weg in die Publizistik.

Auch für Wirth stellte die Juli-Revolution von 1830 die entscheidende Wende in seinem Leben dar. Mit großer Anspannung verfolgte er die Vorgänge in Paris anhand von Berichten französischer Gazetten, die die Allgemeine Zeitung aus Augsburg ihren Lesern in deutscher Übersetzung bereitstellte. Nahezu überschwänglich feierte Wirth den Sieg der Revolution. Da er aber keine positiven Auswirkungen auf die bayerische Staatsregierung verspürte, reifte in ihm der Entschluss, sich »gänzlich dem Dienste der Volkssache zu widmen«. Dass die Aufkündigung seiner sicheren Stellung bei Keim mit finanziellen Einbußen verbunden war, musste

Die Juli-Revolution in Frankreich und ihre Folgen

Mit den Siegen über Napoleon war 1814 Ludwig XVIII. nach Frankreich zurückgekehrt und hatte dort die Bourbonenherrschaft restituiert. Zwar garantierte eine vom König oktroyierte Verfassung wesentliche Errungenschaften der französischen Revolution wie die Gleichheit vor dem Gesetz oder die Meinungs- und Pressefreiheit, doch leitete der Monarch seine Herrschaft immer noch vom Gottesgnadentum ab. Starke royalistische und klerikale Kräfte waren bestrebt, die Zustände des Ancien Régime wieder herzustellen. Als Karl X. die Pressefreiheit aufhob und das Wahlrecht einschränkte, gingen Handwerker und Arbeiter unter Führung von Journalisten und Advokaten am 27. Juli 1830 in Paris auf die Barrikaden. Nach dreitägigen Straßenkämpfen hatte die Revolution gesiegt. Fortan wehte statt dem bourbonischen Lilienbanner wieder die Trikolore über Frankreich. Nach dem Willen des Parlaments wurde Louis Philippe, Herzog von Orléans, zum neuen König der Franzosen erhoben. Als »Bürgerkönig« fühlte er sich der Verfassung verpflichtet.
Im Unterschied zu 1789 griff die Revolutionswelle diesmal schnell auf andere Staaten Europas über. Als Erstes kam es zu einer nationalen Revolution in den südlichen Niederlanden, aus der das Königreich Belgien geboren wurde. Im November 1830 erhoben sich die Polen gegen die Herrschaft des russischen Zaren und stellten damit ebenfalls die Friedensordnung des Wiener Kongresses von 1815 in Frage. Während die konservativen Ordnungsmächte der Heiligen Allianz – Österreich, Preußen und Russland – gegen die Entstehung eines liberalen Belgien nichts auszurichten vermochten, konnten sie das dreigeteilte Polen in Schach halten. Nach blutigen Kämpfen begann im Winter 1831/32 der Exodus mehrerer Tausende Polen aus der russischen Provinz nach Frankreich.

In Deutschland rollte eine Welle von politischen und sozialen Unruhen durch etliche mittel- und norddeutsche Staaten. In den Königreichen Hannover und Sachsen sowie im Herzogtum Braunschweig und in Kurhessen kam es zu Regierungswechseln bzw. zum Austausch der gekrönten Häupter; darüber hinaus setzte das Bürgertum Repräsentativverfassungen durch, wie sie schon in den süddeutschen Staaten nach 1815 geschaffen worden waren. Aber auch dort stellten die Liberalen weitergehende Forderungen. In Baden errangen sie 1831 in der neu gewählten zweiten Kammer die Oberhand.

ihm schon damals bewusst gewesen sein; die Stilisierung zum Opfer einer höheren Idee erfolgte gewiss erst in späteren Jahren.

DER »KOSMOPOLIT«

Am 1. Januar 1831 erschien in Bayreuth die erste Nummer von Wirths Zeitschrift Der Kosmopolit. Auf den ersten Blick war der Zeitpunkt nicht schlecht gewählt. Die Julirevolution hatte die gebildeten Stände auch in Deutschland wieder stärker für politische Fragen der Zeit motiviert, die bevorstehende Sitzungsperiode des Landtages in Bayern tat ein Übriges. Die Presse selbst war längst aus dem Stadium reiner Anzeigenblätter oder Verlautbarungsorgane amtlicher Nachrichten herausgetreten und beteiligte sich zunehmend aktiv an der Meinungsbildung ihrer Leser. Die Erfindung der Schnellpresse 1812 sowie die fortgeschrittene Alphabetisierung der Bevölkerung versprachen raschere und größere Verbreitung ihrer Druckerzeugnisse. Allerdings hätte der Jungunternehmer kaum dilettantischer zu Werke gehen können. Er besaß weder einen Zugang zu relevanten Informationsträgern aus Politik und Wissenschaft, noch verfügte er ansatzweise über ein brauchbares Vertriebssystem, geschweige denn über Geldmittel, um eine Vernetzung aufzubauen. Dies hielt Wirth, von seiner Sendung überzeugt, nicht davon ab, bereits in der ersten Ausgabe des Kosmopoliten in »unverkümmerter

Erörterung« das Recht auf Pressefreiheit zu verteidigen. Danach hielt er in den »Andeutungen über den Zustand Baierns« der bayerischen Staatsverwaltung ihre »vielfältigen Gebrechen« vor. Freilich glaubte Wirth zu diesem Zeitpunkt immer noch an die Reformfähigkeit der Regierung und da er nicht destruktiv erscheinen wollte, unterbreitete er gleich eine Reihe von rechtlichen und wirtschaftlichen Verbesserungsvorschlägen. So widmete er sich sofort einem seiner Lieblingsthemen, nämlich einer leistungsfähigen Verkehrsverbindung zwischen Rhein und Donau. Obwohl er vorgab, unparteiisch zu sein und für die Entscheidung zwischen Eisenbahn- oder Kanalbau den Rat englischer Ingenieure einzuholen empfahl, lagen seine Sympathien klar bei einem Donau-Main-Kanal. Damit stellte er sich bewusst hinter die Wünsche König Ludwigs I.

Mit seinem Bekenntnis zu einem unabhängigen Journalismus schuf sich Wirth allerdings keine Freunde; seine Haltung konnte auch als prinzipienloses Lavieren zwischen Regierungsmeinung und Opposition verstanden werden. Auf keinen Fall konnte der Kosmopolit mit dem Würzburger Volksblatt, dem Flaggschiff der liberalen Opposition in Bayern, konkurrieren. Und der Verzicht auf jegliche Art von Unterhaltung reduzierte die Schar potenzieller Leser des Blattes noch einmal beträchtlich. Freilich erscheint Wirths Aussage in den Denkwürdigkeiten, der Kosmopolit habe nur sieben Abonnenten besessen und nach sieben Ausgaben sein Erscheinen eingestellt, mehr der Zahlensymbolik als der Wahrheit verpflichtet zu sein. Tatsache war, dass Wirth sich auf Grund der Zensurverordnung vom 28. Januar 1831 gezwungen sah, die Herausgabe seines Blattes bereits nach sieben Nummern einzustellen. Empört warf er in der letzten Ausgabe des Kosmopoliten der Regierung Verfassungsbruch vor und drohte den verantwortlichen Beamten mit einer Klage vor Gericht. Er sah nun »den Kampf sich eröffnen, an welchem jeder unabhängige Mann, an dem vor allem die öffentlichen Organe des Landes Antheil nehmen mußten«. Mit seinem tönenden Protest erzielte Wirth zwar größere Aufmerksamkeit als bisher, der vielleicht erhoffte Aufstand zugunsten der Pressefreiheit blieb in Bayern jedoch allgemein aus.

Jene Attitüde stand einem glühenden Freiheitskämpfer gewiss gut an, der Jurist Wirth hätte aber bei nüchterner Betrachtung der Dinge sehen müssen, dass die durch die Verfassung verbriefte Freiheit der Presse und des Buchhandels unter dem Vorbehalt eines besonderen Ediktes stand. Darin waren gerade Zeitungen mit politischem Inhalt von der Pressefreiheit ausgenommen worden. Dabei unterschied man in der Praxis zwischen Innen- und Außenpolitik. Berichte über auswärtige Politik bzw. politische Angelegenheiten anderer Staaten unterlagen der Zensur, innerbayerische Themen im Allgemeinen nicht. Eine solche Differenzierung kannten die Karlsbader Beschlüsse, die als Bundesbeschlüsse übergeordnete Gesetzeskraft besaßen, nicht. Dieser Rechtslage hatte sich auch Bayern zu fügen. Trotzdem lockerte Ludwig I. in seiner liberalen Phase nach dem Regierungsantritt 1825 die Zensurbestimmungen für die innerbayerische Berichterstattung. Mag sein, dass Wirth von seinem peripheren Standort Bayreuth den sich bereits vor der Julirevolution anbahnenden Wandel des Monarchen zu einer konservativen Haltung nicht rechtzeitig erkannte. Aber es war gerade der König, der angesichts der Revolution in Frankreich auch um seinen Thron fürchtete und als eine der Gegenmaßnahmen jene Zensurverordnung vom 28. Januar 1831 erließ.

So unbedeutend der Kosmopolit als Abonnentenblatt auch gewesen sein mag, das Aufsehen, das Wirth mit ihm erregte, genügte, in das Visier der Behörden zu geraten. Bei einer Vernehmung Anfang Februar allerdings gelang es Wirth zur Verblüffung des Bayreuther Stadtkommissärs, den gegen ihn gerichteten Spieß wieder umzudrehen. Statt sich den Zensurbestimmungen zu unterwerfen, forderte Wirth erneut, dass die staatlichen Organe wegen Missachtung der Konstitution zur Rechenschaft gezogen werden müssten. Letztlich bewahrte ihn jedoch die von ihm selbst vorgenommene Einstellung des Kosmopoliten vor einer weiteren Verfolgung durch die Exekutive.

ALLIANZ MIT COTTA

Wirths erstes publizistisches Wirken war also bereits nach vier Wochen beendet, und da es für ihn, wie er selbst feststellte, in Bayreuth nichts mehr zu tun gab, reiste er – zunächst nur von seinem Sohn Max begleitet – nach München, wo die Eröffnung des neu gewählten Landtages bevorstand. Dort bot sich ihm ein faszinierendes Spektrum von erzkonservativen bis zu republikanisch gesonnenen Abgeordneten der zweiten Kammer. Da es noch keine Parteien gab, mussten vor allem die Freisinnigen in zahllosen Gesprächen gemeinsame Interessen ausloten. Sehr zum Missfallen der Regierung zeichnete es sich bald ab, das die oppositionellen Liberalen, vorwiegend aus der Pfalz und aus Franken stammend, die Mehrheit in der Kammer bilden würden. Spannende Sitzungswochen schienen bevorzustehen und das war für Wirth Anlass genug, erneut über die Gründung einer eigenen Zeitung nachzudenken. Dann aber ereilte ihn ein Ruf, dem er nicht widerstehen konnte. Kein Geringerer als Freiherr von Cotta bot ihm die Leitung seiner Zeitschrift Inland an. Verbunden war diese Tätigkeit mit einer einträglichen Honorierung.

Die Besonderheit des Inlandes bestand darin, dass es sich bei der täglich erscheinenden Zeitung um ein halbamtliches Blatt handelte. Da die bayerische Regierung kein Presseorgan in eigener Regie herausbringen wollte, fiel dem Inland die Aufgabe zu, ein konservatives Gegengewicht zu den liberalen Blättern zu bilden. Seitens der Regierung ermunterte man auch Staatsbeamte, Artikel für das Inland zu verfassen und bescherte dem Verleger durch eine fixe Abnahmegarantie eine konstante Rendite. Die Bestellung Wirths zum leitenden Redakteur durch Cotta erfolgte dann auch im Einvernehmen mit Innenminister Eduard von Schenk. Dass dies ein Missgriff war, sollte sich aus der Sicht des Königs bald herausstellen. So erhebt sich die Frage, was Cotta bewogen hat, Wirth ausgerechnet für das Inland zu gewinnen. Nach eigener Aussage hat Wirth sowohl Cotta wie auch Schenk gegenüber bei der Leitung des Inlandes auf »vollkommenste Unabhängigkeit« gedrungen. Von seiner freisinnigen Haltung machte

Johann Friedrich Freiherr Cotta von Cottendorf (1764–1832), Medienzar und Industriepionier

Der studierte Jurist übernahm 1787 die Leitung der Cottaschen Verlagsbuchhandlung, eines alteingesessenen Familienunternehmens in Tübingen. Mit Friedrich Schiller gründete er 1795 Die Horen, eine anspruchsvolle Zeitschrift für Literatur, Geschichte und Philosophie, und gewann über ihn auch Verbindung zu Goethe und zahlreichen anderen Persönlichkeiten des geistigen Lebens, deren Verleger er wurde. Schließlich rechneten es sich die berühmtesten Schriftsteller Deutschlands zur Ehre an, ihre Werke in Cottas Verlag veröffentlichen zu lassen. Ab 1798 erschien unter seiner Herausgeberschaft die Allgemeine Zeitung, zuerst in Stuttgart, später in Augsburg, die zu einer der wichtigsten Zeitungen in Deutschland avancierte. Darüber hinaus verlegte er eine Vielzahl von Zeitungen und Zeitschriften, von denen das Ausland und das Inland nicht unbedingt die bedeutendsten waren. In die Politik stieg Cotta 1814 ein, als er beim Wiener Kongress sich für die Freiheit des Buchhandels gegenüber der Zensur einsetzte. Als Mitglied der Ständeversammlung war er maßgeblich am Zustandekommen der württembergischen Verfassung von 1819 beteiligt. Danach gehörte er bis 1831 der zweiten Kammer des württembergischen Landtages an, dessen Vizepräsident er von 1824 bis 1830 war. Wesentlichen Anteil besaß er auch am Entstehen der süddeutschen Zollvereinigungen und deren Annäherung an Preußen. Für seine Druckerzeugnisse setzte er 1824 zu Augsburg die ersten Dampfschnellpressen in Bayern ein und führte in Zusammenarbeit mit verschiedenen Maschinenbauern die Dampfschifffahrt auf dem Bodensee ein, die er auch auf die Flüsse Rhein, Main und Donau auszudehnen gedachte. Den alten Reichsadel der Familie erkannten Bayern und Württemberg unter dem Namen eines »Freiherrn Cotta von Cottendorf« an. Zudem erlangte Cotta die Ernennung zum preußischen Geheimen Hofrat sowie zum bayerischen Kammerherrn und Hofrat.

Wirth mit Sicherheit kein Hehl. Andererseits fühlte er sich durch das Angebot eines so geachteten und erfolgreichen Mannes wie Cotta geschmeichelt und vermied deshalb provokante Aussagen. Es schwebte ihm vor, fortschrittliche Ideen durch das Inland regierungsamtlich erscheinen zu lassen und damit die Reform des Staates von oben anzustoßen. In der rauen Realität des Vormärz glich eine solche Idee einer Quadratur des Kreises. Letztlich spricht vieles dafür, dass Cotta angesichts der liberalen Landtagsmehrheit eine moderate Öffnung seines Blattes für wünschenswert hielt, notfalls aber auch Wirth mit Hilfe ministerieller Zensur zu zügeln glaubte.

Fast zeitgleich mit der ersten öffentlichen Sitzung der zweiten Kammer des Landtages trat Wirth die Leitung des Inlandes an und stürzte sich sofort mit Feuereifer in die Arbeit: Von 9.00 Uhr morgens bis zum frühen Nachmittag verfolgte er in der Regel die Kammersitzungen, um danach die Berichterstattung zu Papier zu bringen. Den Rest des Tages beschäftigten ihn die Redaktion von Leitartikeln, die Korrektur des Blattes sowie der gesellschaftliche Kontakt mit Abgeordneten und Staatsmännern. Dabei spürte er immer mehr, dass die freie Presse eine Macht darstellte, an der weder Regierung noch Landtag vorbeikommen konnten. Genauer gesagt, er war sich sicher, dass das Wirken der Volksvertretung erst durch die – wertende – Berichterstattung in der Presse voll zur Geltung gelangen konnte. Folgerichtig konzentrierte sich Wirth auf den Kampf für die Pressefreiheit und erklärte bereits in seinem ersten Aufsatz für das Inland die Zensurverordnung vom 28. Januar für gesetzeswidrig. Und als die Kammer mit deutlicher Mehrheit jene Ordonnanz verurteilte und damit den König zu ihrer Rücknahme bewegte, konnte Wirth das Geschehen auch als einen Sieg für sich verbuchen.

In Wirklichkeit hatte Wirth – auf seine Person bezogen – nur einen Pyrrhussieg errungen. Während er in der Ausgabe des Inlandes vom 13. Juni 1831 den König hochleben ließ, waren die Würfel längst zu seinen Ungunsten gefallen. Bereits Ende März hatte Ludwig I. in einem Schreiben an Cotta sein Missfallen am neuen Kurs des Inlandes bekundet und dem

Vormärz

In der Literatur wird Johann Georg August Wirth wie selbstverständlich immer wieder als typischer Protagonist des Vormärz dargestellt. Eine Begriffsklärung oder gar eine Problematisierung des Begriffes wird in den seltensten Fällen vorgenommen. Dabei wären diese im Hinblick auf eine Standortbestimmung von Wirth hilfreich.

Wie alle Epochenbegriffe ist auch der Vormärz nur eine Hilfskonstruktion, um eine amorphe Vergangenheit in überschaubare Zeitabschnitte zu gliedern und nach besonderen Merkmalen zu klassifizieren. Im Unterschied zu den meisten anderen Perioden besitzt der Vormärz einen zeitlich exakt fixierten Zeitpunkt, nämlich den März 1848, d. h. also den Ausbruch der Revolution in Deutschland. Damit ist klar, dass sich die Zeitgenossen des frühen 19. Jahrhunderts nicht als »Vormärzler« fühlen konnten, da ihnen der Blick in die Zukunft verschlossen war. Offen ist dagegen der Beginn der Epoche. Hier stehen die Befreiungskriege gegen Napoleon 1813/1815, die Julirevolution von 1830, manchmal sogar die Rheinkrise von 1840 mit Frankreich in der Diskussion. Eine Entscheidung hierüber hängt stark davon ab, nach welchen inhaltlichen Kriterien und Schwerpunkten der Vormärz definiert wird. In der Summe enthält jene Epoche zahlreiche widersprüchliche Elemente, die mit den Ideen des Liberalismus und des Nationalstaates auf der einen und der Restauration und des Staatsabsolutismus auf der anderen Seite nur unvollkommen umschrieben sind. Im ursprünglich negativen Sinne erfand die Literaturwissenschaft den Biedermeier, der auf dem Rückzug vor der Reaktion in den privaten Bereich apolitische Werte wie Harmonie, Häuslichkeit, Familie und Heimat pflegte. Aber auch politisch denkende Persönlichkeiten wurden teilweise in ihrer Bedeutung geschmälert, wenn man den Begriff Vormärz teleologisch interpretierte. Demnach erfüll-

ten sich alle liberalen und nationalen Hoffnungen in der Revolution von 1848. Was vorher geschah, waren nur unvollkommene Versuche, dieses Ziel zu erreichen. So belegte man den Vormärz auch mit Bezeichnungen wie »Labor- oder Latenzzeit«. Abgesehen davon, dass Vertreter beider Perspektiven die wirtschaftliche und technische Entwicklung der frühen industriellen Revolution völlig ausblenden, entspringt die Ausrichtung des Vormärz auf die Revolution von 1848 einem ahistorischen Denken. Die idealistische Vorstellung der Aufklärung des 18. Jahrhunderts, wonach die Idee der Geschichte eine des Fortschritts sei, wurde nicht zuletzt durch das Scheitern der Revolution 1849 offenkundig. Und spätestens seit Auschwitz sollte es zum Allgemeingut gehören, dass das Fortschreiten der Geschichte nicht mit einer geistig-kulturellen Aufwärtsentwicklung der Menschheit einhergeht.
Aus diesem Grunde betrachten wir Wirth als autochtonen Vertreter seiner Zeit und messen ihn nicht an den Maßstäben und Möglichkeiten späterer Epochen. Eine Bevormundung oder Unterordnung des Vormärz durch andere Ereignisse und Vorstellungen wird den Menschen in dieser eigenständigen historischen Ära nicht gerecht.

Verleger mit der Aufkündigung der Abonnements auf Staatskosten gedroht. Dabei fürchtete der König offensichtlich den schlechten Eindruck, den das Blatt auf andere Regierungen, allen voran Österreich, machen könnte. Da sich Cotta nicht deutlich genug von Wirth distanzierte, entzog das Innenministerium im April dem Verleger tatsächlich die staatlichen Abonnements und verbot der Beamtenschaft eine Mitarbeit beim Inland. Gleichzeitig verschärfte man die Zensurmaßnahmen gegen das Blatt. Statt durch ein diplomatisches Verhalten zur Deeskalation der angespannten Lage beizutragen, reagierte Wirth wie ein trotziges Kind und machte alle Eingriffe der Zensur publik. Schlimmer noch: Er konterkarierte die Maßnahmen noch dadurch, dass er die gestrichenen Passagen und Beiträge in einem Flugblatt publizierte, das er kostenlos verteilen ließ. Die Behörden waren somit der Lächerlichkeit preisgegeben. Zum Schluss war die Atmosphäre so vergiftet, dass der Verleger vergeblich beim König um Audienz bat, um die Wogen wieder zu glätten. Erst als Cotta Anfang Juni wissen ließ, dass er das Erscheinen der Zeitung zum Monatsende einstellen werde, verbesserten sich seine Beziehungen zum Monarchen wieder. So fand mit der letzten Ausgabe des Inlandes vom 30. Juni 1831 die publizistische Karriere Wirths zum zweiten Mal innerhalb eines halben Jahres ein unerfreuliches Ende.

DIE DEUTSCHE TRIBÜNE

Freilich traf das eintretende Ereignis den Redakteur diesmal nicht unerwartet. So konnte Wirth Vorsorge treffen für die Gründung eines neuen Blattes und noch im Inland mit Anzeigen dafür werben. Nahtlos schloss sich denn die Deutsche Tribüne mit ihrer ersten Ausgabe am 1. Juli 1831 an das eingestellte Cottaische Blatt an. Obwohl Wirth erneut die Leitung der Zeitung übernahm und alle Fäden in der Hand hielt, war die Deutsche Tribüne kein Ein-Mann-Unternehmen. Mit Georg Fein hatte Wirth einen festen Mitarbeiter gewonnen, der ihn auch als Redakteur vertreten konnte, und mit Friedrich Sonntag verfügte er über einen ehemaligen Geschäftsführer Cottas, der das verlegerische Geschäft besorgte. Darüber hinaus knüpfte Wirth ein Netzwerk von freien Mitarbeitern, für das er auch die im französischen Exil weilenden Schriftsteller Ludwig Börne und Heinrich Heine zu motivieren versuchte. Der wunde Punkt des neuen Unternehmens lag darin, dass die Deutsche Tribüne kein Erzeugnis eines großen Verlages war und nicht von einem prominenten Patriarchen gedeckt werden konnte.

Nach der Aufhebung der Zensurverordnung hoffte Wirth – vergeblich – auf die Verabschiedung eines neuen liberalen Pressegesetzes. Noch immer setzte er auf die Reformfähigkeit des Staates im verfassungsmäßigen Rahmen.

Programmatisch trug daher die Deutsche Tribüne den Untertitel »Ein constitutionelles Tagblatt«. Er sollte zum Ausdruck bringen, dass die Zeitung ihre Existenz den in der Verfassung verankerten bürgerlichen Rechten verdankte, diese aber auch gegen alle Willkür zu verteidigen bereit war. In einem ersten Leitartikel gab Wirth einen historischen Abriss über die Entwicklung des konstitutionellen Prinzips, die maßgeblich von der öffentlichen Meinung beeinflusst werde. Nur sie könne die »Wiedergeburt Deutschlands« herbeiführen: »In ihr, in dem Erwachen der öffentlichen Meinung begrüßen wir mit freudiger Rührung die Morgenröthe der deutschen Freiheit.«

Für Wirth wie alle seine liberalen Gesinnungsgenossen des Vormärz galt die Pressefreiheit als »conditio sine qua non«, d. h. sie wurde als das elementare Grundrecht betrachtet, ohne das sich eine freiheitliche Gesellschaft und eine rechtsstaatliche Ordnung gar nicht entwickeln konnten. Auf der anderen Seite bestand in Bayern nach wie vor die Rechtsgrundlage für eine Zensur von Presseartikel über auswärtige Politik. Allen liberal oder national eingestellten Autoren konnte dadurch schon ein Maulkorb verpasst werden, wenn sie ihre Betrachtungen über Bayern hinaus auf deutsche Zustände richteten. Wirth befand sich darüber hinaus in der unangenehmen Lage, dass er sich bereits als Redakteur des Inlandes die Feindschaft Ludwigs I. zugezogen hatte. Dies hinderte ihn jedoch nicht daran, in der Deutschen Tribüne die Verschwendungssucht des Königs beim Militär und bei Prachtbauten in München anzuprangern. Somit war ein erneuter Konflikt mit den Zensurbehörden vorprogrammiert. Schon am 6. Juli griff Wirth zu dem probaten Mittel, die Zensur durch ein Flugblatt zu umgehen. Als ihn ein generelles Verbot, Flugblätter mit politischem Inhalt zu drucken, ereilte, ersann er ein Oppositionsblatt für Baiern, dem später noch ein Liberales Deutschland folgen sollte. Beide Organe unterlagen nicht der Zensur, weil sie nicht periodisch erschienen. Dennoch standen sie in einem unmittelbaren Bezug zur Deutschen Tribüne, da sie deren vom Zensor gestrichene Beiträge enthielten. Weiße Flecken in der Tribüne machten zudem die Leserschaft auf den Umfang der Zensurmaßnahmen aufmerksam. Dank seiner juristischen Kenntnisse, die ihm ein konsequentes Ausnützen von Gesetzeslücken erlaubten, sowie eines beherzten Vorgehens gegen Behördenwillkür erzielte Wirth einige Erfolge. Dennoch schraubte sich die Spirale von Maßnahmen und Gegenmaßnahmen immer weiter in die Höhe. Schon im August verkündete Wirth, er werde den Rotstift des Zensors, den er als »besoldeten Geistesunterdrücker« bezeichnete, nur dann akzeptieren, wenn ihm konkret die Übertretung eines Strafgesetzes nachgewiesen werde. Weil Wirth daraufhin gestrichene Stellen ungeniert in der Deutschen Tribüne publizierte, wurde er bald mit Geldstrafen belegt, die im Wiederholungsfalle sich rasch potenzierten. So spottete er in der Ausgabe der Tribüne vom 7. September, dass nach »einer mathematischen Progression« schon nach 16 Tagen die Strafgelder die Höhe der Staatsschuld von 116 Millionen Taler erreicht haben würden, mithin diese auf einfachste Weise getilgt wäre. Dem Innenministerium blieb nichts anderes übrig, als durch eine Kassation der meisten Bußgelder diese groteske Situation zu beenden. Stattdessen verlegte man sich nun darauf, Wirth mehrmals mit kürzeren Arrest- und Gefängnisstrafen zu belegen, und erwies sich damit einen Bärendienst. Denn der Redakteur der Deutschen Tribüne nahm die Rolle eines Märtyrers für die Freiheit geradezu dankbar an und wusste sie publizistisch geschickt zu verbreiten. Wohl nicht zu Unrecht mutmaßte die Tribüne, dass hinter all den Pressionen der österreichische Staatskanzler Metternich stehen könnte. Daher reifte im Herbst 1831 in Wirth die Einsicht, dass es für ihn als Publizisten – trotz einiger Erfolge bei den Behörden und vor Gericht – langfristig im rechtsrheinischen Bayern keine gedeihliche Zukunft mehr geben würde.

Nachdem er bereits im Oktober eine erste Erkundungsreise in den bayerischen Rheinkreis unternommen hatte, verlegte Wirth ab November seinen Wohn- und Arbeitsort endgültig in die Rheinpfalz.

Die Rheinpfalz – Bayerns freiheitlicher Westen

Die Rheinpfalz, so wie Wirth sie kennenlernte, entstand erst im Jahre 1816. Bis in die Zeit der Napoleonischen »Flurbereinigung« war das Gebiet auf 43 geistliche und weltliche Reichsstände aufgeteilt, von denen die beiden Linien des Hauses Wittelsbach, der Kurfürst von der Pfalz und der Herzog von Zweibrücken, den Löwenanteil besaßen. Seit 1794 von französischen Revolutionstruppen besetzt, fiel die Rheinpfalz durch den Frieden von Campo Formio 1797 an Frankreich. Nach der Rückeroberung durch die Koalitionäre gegen Napoleon wurde die Pfalz beim Wiener Kongress 1815 zunächst Österreich zugesprochen, dann aber von diesem vertraglich am 1. Mai 1816 dem Königreich Bayern übergeben. Entsprechend der Benennung der späteren Regierungsbezirke nach Flüssen erhielt das linksrheinische Bayern die Bezeichnung »Rheinkreis«. 1837 wurde er offiziell in »Pfalz« umbenannt, wobei häufig auch von »Rheinpfalz« oder »Rheinbayern« gesprochen wurde. Bis zur Gründung des Landes Rheinland-Pfalz am 30. August 1946 blieb die Pfalz bayerisch.
Die Besonderheit des Rheinkreises zu Wirths Zeiten bestand darin, dass Bayern die französische Gesetz- und Verwaltungsstruktur im Wesentlichen unangetastet gelassen hatte. So blieb nicht nur der Code Civil bis zur Einführung des BGB im Jahre 1900 in Kraft, es galten weiterhin die Trennung von Justiz und Verwaltung, die Unabhängigkeit des Richteramtes sowie die Öffentlichkeit und Mündlichkeit der Rechtspflege – alles Forderungen, die Wirth schon längst für ganz Bayern auf seine Fahnen geschrieben hatte. Die Abschaffung feudaler Privilegien von Adel und Klerus sowie weitgehende Freiheiten bei Gewerbe und Handel hatten ein Übriges getan, in der Rheinpfalz eine selbstbewusste und prosperierende Gesellschaft entstehen zu lassen.

Zunächst wollte sich Wirth in Speyer niederlassen, entschied sich dann aber für Homburg (heute im Saarland gelegen), da er sich von dort bessere Postverbindungen versprach. Von der liberalen Presse der Rheinpfalz allgemein begrüßt, wurde Wirth auch in Homburg herzlich aufgenommen und die Honoratioren der Stadt veranstalteten alsbald ein Festmahl zu seinen Ehren. Im Hause von Dorothea Zöller richtete er seine Wohnung, die Redaktion sowie eine eigene Druckerei ein. Deren Herzstück bildete eine neue Schnellpresse, für deren Anschaffung Wirth eigens Aktien ausgegeben hatte. Da die Behörden in München Druckereibesitzern mit Konzessionsentzug gedroht hatten, wenn sie die Deutsche Tribüne nach Wirths Vorstellungen druckten, hatte dieser beschlossen, die Zeitung in der Pfalz mit einer eigenen Maschine herzustellen. Wirth vertraute dabei ganz auf die hier geltende Gewerbefreiheit, musste aber zu seinem Leidwesen feststellen, dass man ihm einen Eintrag ins Gewerberegister verweigerte.

Allen Widrigkeiten zum Trotz startete Wirth sein neues Unternehmen pünktlich am 1. Januar 1832 mit der ersten Ausgabe der Deutschen Tribüne in Homburg. Zuvor hatte der noch an der Isar verbliebene Teil der Redaktion am 18. Dezember das Erscheinen der Münchner Ausgabe eingestellt. Wirths Hoffnungen auf einen ungestörten Geschäftsverlauf waren freilich nur von kurzer Dauer. Auf Anordnung der Kreisbehörden erschien am 4. Januar der Homburger Bürgermeister in den Arbeitsräumen der Tribüne, um die Druckerpresse zu versiegeln. Er fand allerdings nur eine einfache Handpresse vor, da Wirth auf Grund von Warnungen seine Schnellpresse noch rechtzeitig nach Zweibrücken schaffen konnte. Dort ließ Wirth die Deutsche Tribüne bei Drucker Georg Ritter weiterhin produzieren. Gegen das als Willkür empfundene Vorgehen der Behörden erhob er vor dem Bezirksgericht in Zweibrücken Klage wegen »gewalttätigen Eingriffs« in sein Eigentum. Jene wiederum warfen Wirth vor, dass er keine Druckerkonzession besitze und beriefen sich auf ein pressefeindliches Dekret Napoleons aus dem Jahre 1810. Wirth und mit ihm die liberale Öffentlichkeit sahen dieses

Dekret spätestens durch die Verfassung von 1818 außer Kraft gesetzt. Zur großen Überraschung der Journalisten erklärte sich schließlich das Gericht bei einer Verhandlung Mitte Februar 1832 für nicht befugt, über Regierungsentscheidungen zu urteilen und wies die Klage ab.

DER DEUTSCHE PRESS- UND VATERLANDSVEREIN

Einmal mehr ging der Schuss der Behörden nach hinten los. Ihre unerwartet rigide Haltung gegenüber der liberalen Presse sowie das Eingeständnis der eigenen Inkompetenz durch das Gericht, das einer Bankrotterklärung glich, empörte viele Bürger und führte zu einer Solidarisierungswelle mit Wirth. Dieser fand zudem in Philipp Siebenpfeiffer, dessen Druckerpresse zu Oggersheim im Januar ebenfalls versiegelt worden war, einen Schicksalsgenossen und verband sich alsbald mit ihm in engem Schulterschluss.

Beide Journalisten rechneten damit, dass sie ihre Risiken von Zensur und Beschlagnahme reduzieren könnten, wenn ihnen eine breit aufgestellte, aktive Leserschaft den Rücken stärkte. Aus dieser Überlegung heraus wurde der Deutsche

Philipp Jakob Siebenpfeiffer (1789–1845).

Philipp Jakob Siebenpfeiffer – Wegbereiter und Weggefährte Wirths

Wenn vom Hambacher Fest die Rede ist, werden Siebenpfeiffer und Wirth als Organisatoren und Hauptredner meist in einem Atemzug genannt – Grund genug, auch das Leben des Ersteren einmal kurz zu beleuchten. Aus einer Schneiderfamilie stammend wurde Siebenpfeiffer 1789 in Lahr (Fürstentum Nassau-Saarbrücken) geboren. Nach dem relativ frühen Tod der Eltern trat er mit 14 Jahren in den Verwaltungsdienst seiner Heimatstadt ein und arbeitete sich zielstrebig empor. 1809 begann er sogar ein Studium der Rechtswissenschaften in Freiburg, wo er das liberale Gedankengut des Philosophen und Historikers Karl von Rotteck aufnahm. Obwohl er seine akademische Ausbildung mit Staatsexamen und Promotion erfolgreich beendete, blieb ihm – ähnlich wie Wirth – eine wissenschaftliche Laufbahn verwehrt. Seit 1816 als Beamter in bayerischen Diensten erhielt er 1818 die Stelle eines »Landkommissärs« (Landrat) in Homburg und verwaltete diesen Amtsbezirk 12 Jahre lang mit großem Geschick. Zu Gute kam ihm dabei seine breit gestreuten Interessensgebiete und seine Innovationsfreude – Wesenszüge, die wir auch bei Wirth wiederfinden. Trotz seiner liberalen Einstellung versah er sein Amt loyal zum Königshaus und huldigte noch 1829 Ludwig I. und seiner Gemahlin Therese mit einem Lobgedicht anlässlich ihrer Reise durch die Pfalz.

Wie bei Wirth stellte auch bei Siebenpfeiffer die Julirevolution von 1830 das Erweckungserlebnis dar. So trat er schon im September mit der Zeitung Rheinbayern an die Öffentlichkeit und löste damit bei dem erbosten König seine Suspendierung als Landkommissär sowie seine Versetzung ins schwäbische Kaisheim aus, wo er die Funktion eines Zuchthausdirektors übernehmen sollte. Siebenpfeiffer widersetzte sich freilich diesem Ansinnen und verlegte sich nun ganz auf die Publizistik. Zusätzlich zu Rheinbayern brachte er vom 1. April

1831 an aus Zweibrücken den Bote[n] aus dem Westen (später Westbote genannt) heraus. Als Nestor des liberalen Journalismus machte er Wirth den Umzug in die Pfalz schmackhaft und ebnete ihm auch den Weg dorthin. Fortan verband die beiden der gemeinsame Kampf gegen die Zensur und für liberale Ideen. Ihre Schicksalsgemeinschaft führte sie von Hambach nach Verhaftung, Gefängnis, Gerichtsverfahren und Flucht ins Schweizer Exil, wo Siebenpfeiffer an der Universität Bern doch noch eine Anstellung als außerordentlicher Professor für Straf- und Staatsrecht erhielt. Nach dem Ausbruch einer Geisteskrankheit verbrachte er die letzten Lebensjahre in einer privaten Anstalt in Bümpliz bei Bern. Dort starb er im Mai 1845 im Alter von 55 Jahren.

Press- und Vaterlandsverein geboren. Den Rahmen für seine Gründung bildete ein Fest am 29. Januar 1832 in Zweibrücken, mit dem der liberale Abgeordnete Friedrich Schüler nach seiner Rückkehr von der Landtagssession in München gefeiert wurde. Schüler selbst legte den Anwesenden nahe, dass weitere Verbesserungen der politischen Lage der Bürger eher von der Presse als von der nur in großen Abständen tagenden Abgeordnetenkammer zu erwarten wären. Die von Siebenpfeiffer und Wirth entwickelte Vereinsidee war ebenso einfach wie genial: Der Verein abonnierte Zeitungen und Zeitschriften mit liberaler Handschrift und verteilte sie an seine Mitglieder. Dabei sollte ein eigenes Botensystem eine Beschlagnahme auf dem Postweg verhindern. Durch die Absatzgarantie waren die Journalisten und ihre Familien wirtschaftlich abgesichert. Und ein langfristiger Bezug der fortschrittlichen Presse konnte in der Bevölkerung die politische Bildung befördern, die für die Gründung eines freiheitlichen Nationalstaates unerlässlich war.

An der Spitze des Vereins stand ein provisorisches Zentralkomitee, das sich aus Friedrich Schüler und seinen beiden Advokatenkollegen am Zweibrücker Appellationsgericht,

Ferdinand Geib und Joseph Savoye, zusammensetzte. Wirth selbst besaß im Verein kein Amt, stellte aber die Deutsche Tribüne quasi als Vereinsorgan zur Verfügung. Er war es auch, der wenige Tage nach jener Festveranstaltung die Öffentlichkeit über die Gründung des Pressvereines informierte und unter dem Titel »Deutschlands Pflichten« einen Aufruf zum Beitritt in den Verein startete, der auch als Flugblatt mit 50.000 Exemplaren verbreitet wurde. In einer klassischen Win-Win-Situation stieg die Mitgliederzahl rasch auf ca. 5000 an, während gleichzeitig die Auflage der Tribüne entsprechend anwuchs. Für den Vertrieb der liberalen Presse war es von Vorteil, dass die überwiegende Mehrheit der Mitglieder in der Pfalz oder den angrenzenden deutschen Bundesstaaten wohnte. Aber auch darüber hinaus gab es wie in Coburg beachtliche Filialen des Pressvereins. Einzelne Artikel der Deutschen Tribüne wurden ins Französische übersetzt und über die Grenze gebracht, so dass sogar in Frankreich ein Filialkomitee gegründet werden konnte.

Wirth fühlte sich inzwischen wieder so sicher, dass er auf den relativen Schutz des konzessionierten Druckers Georg Ritter verzichten zu können glaubte. Doch die Rückverlegung des Druckortes der Deutschen Tribüne von Zweibrücken nach Homburg erwies sich als gravierender Fehler, zumal Wirth weiterhin nicht bereit war, seine Zeitung der Zensur zu unterwerfen. Schon am 25. Februar unternahm der Homburger Bürgermeister einen erneuten Versuch, die Presse zu versiegeln, scheiterte aber daran, dass Wirths Mitarbeiter die Tür des Hauses von innen mit Balken verrammelt hatten. Das brachte schließlich das Fass zum Überlaufen. Am 1. März holte die bayerische Regierung zu einem weiteren Schlag gegen die liberale Opposition aus, indem sie nicht nur den Westboten und die Deutsche Tribüne, sondern darüber hinaus alle politischen Vereine verbot. Das betraf auch den Press- und Vaterlandsverein. In der Tat kam Bayern damit dem Deutschen Bund nur um einen Tag zuvor. Wegen offenen Aufrufs zum Umsturz und anderer finsterer Machenschaften gegen die bestehende Staatsordnung bekräftigte

Relief am Marktbrunnen (Karlsberg-Brunnen) in Homburg (Saar). Auf der Platte ist eine Verhaftung Wirths zu sehen.

die Bundesversammlung ihrerseits das Verbot liberaler Zeitungen und verhängte zusätzlich für die betreffenden Redakteure ein fünfjähriges Beschäftigungsverbot. Obwohl die bayerische Regierung selbst nicht so weit gegangen war und den Redakteuren die Möglichkeit einer Weiterarbeit belassen hatte, wenn sie die Zensurmaßnahmen befolgt hätten, besaß sie nun die Handhabe, gewaltsam die gefassten Bundesbeschlüsse durchzusetzen. So ließ der Homburger Bürgermeister am 8. März mit Hilfe eigens in die Pfalz verlegten Militärs die Türen zu Haus und Druckerei Wirths aufbrechen, um die Pressen zu versiegeln. Über den Vorgang und den folgenden Unmut in der Bevölkerung gibt es unterschiedliche Darstellungen. In seinem autobiografischen Roman lässt Wirth seinen Titelhelden Walderode während des Gewaltaktes theatralisch Passagen aus dem Code Civil deklamieren, wodurch die Behörden eindeutig ins Unrecht gesetzt werden. Offen bleiben muss, ob oder inwieweit Wirth an Ausschreitungen einer Gruppe Jugendlicher gegenüber dem Landkommissär und der Errichtung eines Freiheitsbaumes beteiligt war. Auf jeden Fall versuchte er mit Ritter in Zweibrücken wieder ins Geschäft zu kommen, aber eine wohl schon vorher geplante Verhaftung am 16. März setzte ihn vorerst außer Gefecht.

Freiheitsbäume
Der Brauch, auf öffentlichen Plätzen Maibäume als Symbol des erwachenden Frühlings zu pflanzen, führte während des nordamerikanischen Unabhängigkeitskrieges zu der Sitte, solche Bäume als Symbol der erwachenden Freiheit zu errichten. Bekannt wurde eine Ulme in Boston, unter der die Bürger ihre politischen Angelegenheiten berieten. Anlässlich der Belagerung Bostons durch amerikanische Truppen ließ die britische Besatzungsmacht unter General Thomas Gage diesen »tree of liberty« 1775 fällen. Nach der Überlieferung soll der französische Marquis de La Fayette jene Sitte nach Europa gebracht haben. Während der Revolution sollen in Frankreich bis 1792 ca. 60.000 solcher Bäume gepflanzt worden sein, die an das Wiedererwachen der Freiheit erinnerten. In Paris errichteten die Jakobiner 1790 den ersten Freiheitsbaum (arbre de la liberté), krönten ihn mit der Freiheitsmütze, umtanzten ihn und sangen dabei revolutionäre Lieder. Mit dem Vordringen revolutionärer Ideen und der französischen Herrschaft nach Deutschland verbreiteten sich Freiheitsbäume auch in den Rheingegenden. Während der Restauration waren dann Freiheitsbäume in Frankreich und Deutschland verboten. Mit der Julirevolution flammte der Brauch allerdings wieder auf und führte vor allem in Rheinbayern rund um das Hambacher Fest zur Errichtung etlicher Freiheitsbäume. Ähnliches ereignete sich in Frankreich während der Februarrevolution 1848. In beiden Fällen wurden die Aktionen unterdrückt, sobald die Obrigkeit wieder Oberhand erlangte.

Georg Fein und Friedrich Sonntag versuchten, die Deutsche Tribüne fortzuführen, doch schon am 21. März erschien die letzte Ausgabe dieser Zeitung. Ritter hatte sich gegenüber dem Landkommissariat Zweibrücken verpflichtet, die Tribüne nicht mehr zu drucken. Und da Fein und Sonntag im Unter-

Freiheitsbaum. Unbekannter rheinischer Künstler 1792/93.

schied zu Wirth keine bayerischen Staatsbürger waren, konnten die Behörden sie des Landes verweisen. Im Falle Feins gestaltete sich die Abschiebung nach Baden nicht so einfach und mündete für die Obrigkeit geradezu in einem Debakel. Der Gefangenentransport durch die Rheinpfalz provozierte allenthalben neue Freiheitsbäume und revolutionäre Lieder, der Staat hatte in den Augen vieler Bürger an Glaubwürdigkeit verloren. Einem Triumphzug glich auch die Freilassung Wirths aus dem Gefängnis, nachdem ihn das Zweibrückener Appellationsgericht entgegen der Annahme der bayerischen Regierung am 14. April freigesprochen hatte. Da der Journalist unter anderem wegen seiner Unterstützung des Press- und Vaterlandsvereines durch seine Beiträge in der Deutschen Tribüne angeklagt war, zog die liberale Opposition daraus den Schluss, dass mit dem Freispruch Wirths auch das Verbot des Vereins hinfällig war. Ohne Zweifel hatte das Gericht mit diesem Urteil seine Unabhängigkeit von der Verwaltung unterstrichen. Aber so sehr Wirth den Richterspruch als Sieg der Pressefreiheit feierte, so wenig war es ihm möglich, im herrschenden politischen System seine Tätigkeit als freier Journalist fortzusetzen.

VI. Das Hambacher Fest

DIE VORGESCHICHTE

Das »Nationalfest der Deutschen«, wie Johann Georg August Wirth das Hambacher Fest im Mai 1832 bezeichnet hatte, war die größte politische Massenveranstaltung im Vormärz. An ihr sollen, je nach Standpunkt des Betrachters, 20.000 bis 50.000 Menschen teilgenommen haben. Die seriöse Historiographie geht heute von einer Zahl zwischen 20.000 und 30.000 Personen aus. Wie dem auch sei, für eine solche Veranstaltung musste der Boden gut vorbereitet sein. Als Ausgangspunkt darf wiederum die Julirevolution von 1830 genommen werden. Sie stärkte das Selbstvertrauen bürgerlicher Liberaler und weckte auch in Deutschland wieder Hoffnungen auf Fortschritte bei der nationalen Einheit. Sehr schnell sah man sich aber wieder staatlichen Repressionen ausgesetzt, die auch vor dem bayerischen Rheinkreis nicht Halt machten. Die Erregung stieg, als durch die Pfalz Scharen von polnischen Flüchtlingen Richtung Frankreich strömten. In das Mitgefühl über das Leid der Exilanten mischte sich auch die Wut über das Vorgehen der russischen Militärmaschine, die alle Hoffnungen auf einen polnischen Nationalstaat niedergewalzt hatte. Es bildeten sich Polenvereine, in denen alsbald die polnische mit der deutschen Frage verquickt wurde. Insbesondere Wirth, der auch im direkten Kontakt zu durchreisenden Polen stand, instrumentalisierte in der Deutschen Tribüne den polnischen Nationalgedanken für sein deutsches Vaterland. Einmal mehr hatte er Gelegenheit, gegen die Heilige Allianz, die österreichische Vorherrschaft unter Metternich sowie die selbstherrlichen deutschen Fürsten zu polemisieren. Somit trug die Polenfrage zu einer Radikalisierung publizistischer Wortführer wie Wirth und Siebenpfeiffer bei, während die Polenvereine ihrerseits die organisatorische Grundlage für eine Mobilisierung größerer Bevölkerungsteile lieferten. Davon profitierte auch der Press- und Vaterlandsverein.

Unter diesen Vorzeichen nahmen die inzwischen arbeitslos gewordenen Journalisten Siebenpfeiffer und Wirth im

Freiheitsbrunnen in Homburg (Saar). Siebenpfeiffer (links) und Wirth an der Druckerpresse. Die Szenen des 1992 geschaffenen Brunnens besitzen im Sinne der Demokratie symbolische Bedeutung ohne Rücksicht auf die strenge historische Wahrheit. So haben Siebenpfeiffer und Wirth niemals gemeinsam eine Druckerpresse betrieben.

April 1832 die Einladung zu einer Frühlingsfeier auf der Hambacher Schlossruine zum Anlass, das angekündigte Fest für ihre Zwecke umzumünzen. Loyal zur bayerischen Regierung stehende Bürger von Neustadt an der Haardt (heute: Weinstraße) wollten mit einem Konstitutionsfest am 26. Mai an die Verkündung der ersten bayerischen Verfassung vor 14 Jahren erinnern. Siebenpfeiffer erschien dies zu obrigkeitshörig; nach seiner Meinung sollte das Fest nicht »dem Errungenen, sondern dem zu Erringenden« gelten, also »nicht dem ruhmvollen Sieg, sondern dem mannhaften Kampf, dem Kampfe für Abschüttelung innerer und äußerer Gewalt, für Erstrebung gesetzlicher Freiheit und Nationalwürde«. In diesem Sinne lud er am 20. April zu einem »Deutschen Mai« für den 27. Mai ein, denn es sollte bewusst nicht die Konstitution gefeiert werden. Und der erst wenige Tage zuvor aus der Haft entlassene Wirth legte am 21. April mit einem Aufruf an die Volksfreunde in Deutschland nach. Mit diesem auf 50.000

Flugblättern verbreiteten Aufruf verabschiedete sich Wirth endgültig vom konstitutionellen Prinzip der souveränen Fürstenstaaten. Sein Ziel war nun die Schaffung eines föderalen deutschen Nationalstaates, der auf den Säulen von Volkssouveränität und unveräußerlichen Menschen- und Grundrechten ruhte. Dazu zählte er vor allem die Meinungs-, Gewissens-, Religions-, Handels- und Gewerbefreiheit. Auf Bundesebene sollte nach seiner Vorstellung eine autonome Nationalkammer den Volkswillen repräsentieren. Sie sollte jeweils für zwei Jahre einen Reichspräsidenten wählen, der seinerseits einen Ministerrat bestimmte. Beide blieben aber der Kammer und ihren Beschlüssen verantwortlich. Unter dieser zentralen staatlichen Ebene organisierten sich die einzelnen Bundesländer, die je nach dem Willen ihrer Bürger konstitutionell-monarchisch oder demokratisch-republikanisch verfasst sein konnten.

Mit diesem Programm, das eine gute Diskussionsgrundlage für das geplante Nationalfest der Deutschen in Hambach bilden konnte, eilte Wirth gedanklich seiner Zeit weit voraus. Erst die Frankfurter Paulskirchenversammlung beschäftigte sich 1848 wieder ernsthaft mit seinen Ideen und goss vieles davon in ihre Beschlüsse. Im Frühjahr 1832 gingen die republikanischen und demokratischen Vorstellungen Wirths den gemäßigten Liberalen um Friedrich Schüler jedoch noch zu weit. Während der Press- und Vaterlandsverein Siebenpfeiffers Einladung zum Hambacher Fest noch begrüßte, setzte zwischen Wirth und dem Verein eine gewisse Entfremdung ein.

Einladung und Aufruf ließen bei den bayerischen Behörden erneut die Alarmglocken schrillen und sie reagierten wiederum mit unflexibler Härte. Der Regierungspräsident des Rheinkreises, Freiherr von Andrian-Werburg, verbot am 8. Mai die Veranstaltung und verhängte dazu für drei Tage den Ausnahmezustand über Neustadt und ihre Nachbargemeinden. Es bestand im Wesentlichen aus einem Einreiseverbot, einem Versammlungsverbot über fünf Personen hinaus sowie einem Redeverbot auf öffentlichem Grund für die Zeit vom

Freiheitsbrunnen in Homburg: Aufbruch mit Leiterwagen zur Fahrt nach Hambach 1832 sowie Aufrichten eines Freiheitsbaumes.

26. bis 28. Mai. Nach erheblichen Protesten aus der Bevölkerung musste der Regierungspräsident dann allerdings seine Verordnungen in Etappen wieder zurücknehmen. Er stand zuletzt nicht nur blamiert da, er hatte durch sein ungeschicktes Taktieren unfreiwillig Werbung für das Fest gemacht und den Organisatoren eine Steilvorlage geliefert.

INSZENIERUNG DES FESTES

In Anbetracht der Tatsache, dass die Veranstalter noch auf schnelle Kommunikations- und Reisemöglichkeiten wie Eisenbahn und Telegrafie verzichten mussten, war das Hambacher Fest außerordentlich gut und wirkungsvoll vorbereitet worden. So brachen allein aus Wirths Wohnort Homburg ca. 80 Teilnehmer zu nächtlicher Stunde im Glanze des Kerzenscheins mit Leiterwagen auf und vereinigten sich mit Teilnehmern anderer pfälzischer Orte zu einem großen Festzug, an dessen Spitze Wirth hoch zu Ross ritt. Am 26. Mai erlebte

Neustadt das »erhebenste Schauspiel«, dass im Viertelstundentakt »neue Züge von Patrioten« eintrafen, »die meisten auf offenen mit Eichenlaub bekränzten Wagen, auf denen die deutsche Fahne wehte«. Die Mehrzahl der Teilnehmer kam aus dem deutschen Südwesten, aber auch aus vielen anderen Staaten des Deutschen Bundes waren Bürger angereist, so auch aus Wirths Vaterstadt Hof. Besondere Aufmerksamkeit erregten anwesende Exilpolen sowie Ehrengäste aus England und Frankreich, allen voran der aus Paris herbeigeeilte deutsche Journalist und Schriftsteller Ludwig Börne.

Nach Wirths Beschreibung des »Nationalfestes der Deutschen« wurde dieses am Abend des 26. Mai eingeläutet. Von der Schlossruine dröhnte Geschützfeuer herab und auf den Haardtbergen loderten Flammen von Freudenfeuern empor. Am Morgen des folgenden Tages formierte sich ein Festzug, in dem sich neben Bildungsbürgern, Kaufleuten und Handwerkern, Winzern und Bauern, Gesellen und Taglöhnern auch auffallend viele Frauen befanden. Festordner mit schwarz-rot-goldenen Schärpen trugen die deutsche Trikolore mit der Aufschrift »Deutschlands Wiedergeburt«, während ein Großteil der Teilnehmer diese Farben als Kokarde an die Kopfbedeckung gesteckt hatte.

Auf dem Weg zur Schlossruine stimmte man als Erstes Ernst Moritz Arndts Lied »Was ist des Deutschen Vaterland?« an, das die Erinnerung an die Befreiungskriege und die damit verbundenen Hoffnungen wachrufen sollte. Zum Lied des Tages avancierte allerdings der Hymnus »Der Deutschen Mai«, eigens für das Fest gedichtet von Philipp Jakob Siebenpfeiffer. Gesungen nach der bekannten Melodie des Reiterliedes von Friedrich Schiller riss es die Teilnehmer mit sich fort: »Hinauf, Patrioten, zum Schloss, zum Schloss!/ Hoch flattern die deutschen Farben:/ Es keimt die Saat und die Hoffnung ist groß,/ Schon binden im Geiste wir Garben./ Es rufet die Ähre mit goldenem Rand,/ Und die goldne Ernt' ist das – Vaterland.« Die Wiedergeburt des deutschen Vaterlandes zog sich auf dem Berg wie ein roter Faden durch alle Reden, die mit der Begrüßung durch Dr. Philipp Hepp von den Festveranstaltern

Schwarz-Rot-Gold

Das revolutionäre Frankreich hat mit seiner Trikolore und der Marseillaise als Nationalhymne Maßstäbe gesetzt für das Entstehen identitätsstiftender Kennzeichen moderner Nationalstaaten. In Deutschland kam während der Befreiungskriege gegen Napoleon der Wunsch nach einer Reichsflagge auf. Die Farben der schwarz-rot-goldenen Trikolore tauchen erstmals 1813 auf einer schwarz-roten Fahne mit goldenen Fransen beim Lützowschen Freikorps auf. Die Lützower trugen zudem schwarze Uniformen mit gelben Messingknöpfen und roten Aufschlägen und Vorstößen. Mochten diese Utensilien aus praktischen Gründen so gewählt worden sein, so verbreitete sich bald der Glaube an eine mittelalterliche Reichstradition. Im schwarzen Adler mit roter Zunge und roten Fängen auf goldenem Grund sah man das Urbild der deutschen Reichsfarben.

1815 taucht die Farbentrias dann bei der Jenaer Urburschenschaft auf, in deren Reihen sich auch manche ehemalige Lützower Jäger befinden. Anlässlich des vierten Jahrestages der Leipziger Völkerschlacht tragen am 18. Oktober 1817 Studenten aus Jena eine schwarz-rote und mit Gold verzierte Fahne zur Wartburg hinauf. Kurze Zeit später werden die Farben das allgemeine Erkennungszeichen der deutschen Burschenschaften. Als mit den Karlsbader Beschlüssen alle freiheitlichen und nationalen Bestrebungen unterdrückt werden, mutieren die Farben insgeheim immer mehr zum allgemeinen Symbol der Forderung nach nationaler Einheit und bürgerlicher Freiheit.

So wollten es auch die Teilnehmer am Hambacher Fest verstanden wissen, die mit ihren Fahnen und Kokarden dem »deutschen Dreifarb« endgültig zum Durchbruch verhalfen. Zwar wandte sich die Reaktion nach dem Fest erneut gegen diese Nationalfarben, aber schon im März 1848 wehten schwarz-rot-goldene Fahnen im ganzen Land und der preußische König Friedrich Wil-

Schloss Hambach. Die aktuelle Gesamtansicht präsentiert den Wiederaufbau und Ausbau der Anlage zwischen 1845 und 2010. Zu Wirths Zeiten befand sich die ursprünglich bischöflich speyerische Burg noch in einem ruinösen Zustand.

helm IV. musste am 21. März mit schwarz-rot-goldener Armbinde den gefallenen Barrikadenkämpfern der Revolution seine Ehrerbietung erweisen. Bereits am 9. März hatte der Bundestag die bislang verhasste Trikolore zur offiziellen Fahne des Deutschen Bundes erhoben. Keine Frage, dass auch die Frankfurter Nationalversammlung am 31. Juli jene als Reichsflagge erkor. Dass mit dem Scheitern der Revolution von 1848/49 das farbliche Dreigestirn wieder obsolet wurde und es der Weimarer Republik, also der ersten deutschen Demokratie, vorbehalten blieb, Schwarz-Rot-Gold in der Verfassung zu verankern, sei ebenso wie die Wiedereinführung der Trikolore im geteilten Deutschland nach der Gewaltherrschaft des Nationalsozialismus hier nur am Rande erwähnt.

Festzug auf das Schloss Hambach am 27. Mai 1832 (historischer Stich).

aus Neustadt eröffnet wurden. Ihm folgten Siebenpfeiffer und Wirth als Hauptredner. Insgesamt wurden an diesem Tage nicht weniger als 25 Reden gehalten oder als Grußbotschaften vorgetragen. Wie viel oder besser gesagt, wie wenig davon beim Publikum ankam, lässt sich leicht ermessen, wenn man weiß, dass die Hambacher Veranstaltung als Frühlingsfest einen ausgesprochenen Volksfestcharakter trug. Es gab Karussells, Drehorgeln, Imbissbuden und Getränkestände, es wurde gegessen, getrunken, getanzt und gesungen und die Redner hielten ihre Ansprachen nicht nur von einer Tribüne herab, sondern mischten sich auch unter das Volk.

WIRTHS HAMBACHER REDE

In Hambach stand Wirth im Zenit seiner Popularität und seiner Wirkmächtigkeit. Es erschallten Lebehoch-Rufe, als er die Rednertribüne betrat, und nach seiner Ansprache überreichte ihm Friedrich Funck im Namen etlicher Frankfurter »Patrioten« ein Ehrenschwert. Das mit Eichenblättern ver-

»Das Volk liebt, wo die Könige hassen« – aus Wirths Hambacher Rede

»Bei jeder Bewegung eines Volkes, welche die Erringung der Freiheit und einer vernünftigen Staatsverfassung zum Ziele hat, sind die Könige von Preußen und Oesterreich durch Gleichheit der Zwecke, Gesinnungen und Interessen an Rußland geknüpft, und so entsteht jener furchtbare Bund, der die Freiheit der Völker bisher immer noch zu tödten vermochte. Die Hauptmacht dieses finstern Bundes besteht immer aus deutschen Kräften, da Rußland ohne die Allianz mit Preußen und Oesterreich ohnmächtig wäre und durch innere Stürme in Zerrüttung fallen würde. So riesenhaft daher die Macht des absoluten Bundes auch seyn mag, so ist ihr Ende doch in dem Augenblicke gekommen, wo in Deutschland die Vernunft auch in politischer Beziehung den Sieg erlangt, d. h. in dem Augenblicke, wo die öffentlichen Angelegenheiten nicht mehr nach dem despotischen Willen eines Einzigen, nicht mehr nach den Interessen einer über ganz Europa verzweigten Aristokraten-Familie, sondern nach dem Willen der Gesellschaft selbst und nach den Bedürfnissen des Volkes geleitet werden. In dem Augenblicke, wo die deutsche Volkshoheit in ihr gutes Recht eingesetzt seyn wird, in dem Augenblicke ist der innigste Völkerbund geschlossen, denn das Volk liebt, wo die Könige hassen, das Volk vertheidigt, wo die Könige verfolgen, das Volk gönnt das, was es selbst mit seinem Herzblut zu erringen trachtet, und was ihm das Theuerste ist, die Freiheit, Aufklärung, Nationalität und Volkshoheit, auch dem Brudervolke: das deutsche Volk gönnt daher diese hohen, unschätzbaren Güter auch seinen Brüdern in Polen, Ungarn, Italien und Spanien. Wenn also das deutsche Geld und das deutsche Blut nicht mehr den Befehlen der Herzoge von Oesterreich und der Kurfürsten von Brandenburg, sondern der Verfügung des Volkes unterworfen sind, so wird Polen, Ungarn und Italien frei, weil Rußland dann der Ohnmacht verfallen ist [...]. Der Wiederherstellung des alten, mächtigen Polens, des reichen Ungarns und des blühenden Italiens folgt von selbst die Befreiung Spaniens und Portugals und der Sturz des unnatürlichen englischen Uebergewichts. Europa ist wiedergeboren und auf breiten natürlichen Grundlagen organisirt. Freiheit des Welthandels ist die köstliche materielle Frucht und unaufhaltsames Fortschreiten der Civilisation der außer jeder Berechnung liegende geistige Gewinn eines solchen Weltereignisses.«

zierte »deutsche Schwert« enthielt die Worte »Vaterland, Ehre, Freiheit« – zentrale Begriffe der deutschen Einheitsbewegung, die Wirth auch in seiner Rede thematisierte. Der symbolische Akt bot Zeitgenossen wie Nachwelt großen Interpretationsspielraum. Naheliegend und unverfänglich ist die Annahme, dass Wirths Sympathisanten ihm eine Führungsrolle im Kampf um Einigkeit und Recht und Freiheit zubilligten. Sicher hat sie Wirth in seiner Hambacher Rede nicht enttäuscht.

Ausgangspunkt seiner Rede war die Selbstsucht der Könige und Fürsten, die die Einheit und eine freie Entwicklung Deutschlands verhindert haben. Der harte Kern dieser unheiligen Allianz bestand seiner Meinung nach aus Österreich, Preußen und Russland, die auch andere europäische Völker in Knechtschaft hielten. Als Gegengewicht zur Fürstenmacht stellt Wirth das Volk hin, dem er im Ringen um Freiheit und nationale Würde nur positive Eigenschaften zuschreibt. Nach der Gleichung: geht es Deutschland gut, prosperiert auch Europa, besteht für ihn der Lösungsansatz darin, dass zuerst Deutschland reformiert, also an die Stelle von Despotie Volkssouveränität treten müsse, dann könne auch die Reorganisation Europas gelingen. Im Prinzip bräuchte man hierfür auch die Unterstützung französischer Patrioten, doch stehe zu befürchten, dass das offizielle Frankreich als Preis dafür die Rheingrenze fordere. Dies war in Wirths Augen mit der deutschen Ehre in keiner Weise zu vereinbaren. Im Gegenteil, eine Befreiung Deutschlands sollte eher zu einer Wiedervereinigung mit Elsass und Lothringen führen. Schließlich wandte sich der Redner auch gegen die Führung des Press- und Vaterlandsvereines, in der er für den »großen Zweck der Wiedergeburt des Vaterlandes« eher Bremser als Beschleuniger verortete. Daher schlug er vor, aus den »reinsten, fähigsten und mutigsten Patrioten« ein Gremium von etwa 20 Männern zu küren, die »das dringende Bedürfnis der durchgreifenden Reform des Vaterlandes täglich mit Flammenzügen in das Herz schreiben«. Es versteht sich von selbst, dass Wirth in dieser Hinsicht auch die »ungeheure Wirkung« der Presse beschwor. Der Redner beendete schließlich seine Ansprache mit einem dreifachen Hoch auf die »vereinigten Freistaaten Deutschlands« sowie das »conföderierte republikanische Europa«.

Mit seiner Rede erntete Wirth auf dem Hambacher Schloss keineswegs ungeteilten Beifall. Insbesondere Gäste aus Frankreich fühlten sich wegen seiner Äußerungen zur Rheingrenze und einem möglichen Anschluss von Elsass und Lothringen an das wiedervereinigte Deutschland irritiert. Der Redaktions-Ausschuss, der Wirth bei der Publikation Das Nationalfest der Deutschen zur Seite stand, ruderte – sicher mit Zustimmung des Redners – prompt zurück und versicherte, dass »unser feuriger Wirth« keineswegs die aufrichtigen französischen Patrioten im Sinne hatte, die er »innig als Bruder umarmen« und mit ihnen den »Bund der Völkerfreiheit« schließen wolle. Und gegenüber dem Press- und Vaterlandsverein konzedierte man dessen politische Zurückhaltung, solange dieser vom Verbot bedroht war. Inzwischen stimme man aber beim Kampf um Vaterland und Freiheit wieder überein.

Während zahlreiche Politiker und Publizisten bis heute das Hambacher Fest als bedeutenden Meilenstein auf dem Weg zu einem freiheitlich-demokratischen Deutschland gewürdigt haben, fällt die Bilanz bei der Historikerzunft der Gegenwart sehr gemischt aus. Aufsehen erregte dabei der renommierte Freiburger Historiker Hans Fenske mit einem vernichtenden Urteil über diese Veranstaltung: »Kein einziger Redner setzte sich verantwortungsvoll und in nüchterner

Analyse mit den Problemen der Zeit auseinander, niemand stellte die Realitäten angemessen dar. Was über die Verhältnisse Deutschlands gesagt wurde, war ein Schauergemälde, das mit der Wirklichkeit nichts zu tun hatte. [...] Aus den Reden des 27. Mai 1832 sprach ein hochgradiger Nationalismus, und so blieb der gelegentlich beschworene Völkerbund eine leere Phrase. Es lässt sich nicht verkennen: Was von der Hambacher Tribüne herab gesagt wurde, hatte wenig Substanz.« Wie es scheint, geht der Professor hier zu sehr von akademischen Verhältnissen aus und verkennt die Bedingungen, unter denen die Reden gehalten wurden, allen voran den Volksfestcharakter des Festes. Selbstverständlich mussten alle Redner pointieren und kamen nicht ohne Schlagworte aus, für den Entwurf einer neuen deutschen oder europäischen Verfassung war Hambach nicht der richtige Ort, vom zeitlichen Rahmen ganz zu schweigen. Auf Wirth bezogen lässt sich sagen, dass er in Hambach – und nicht nur da – im Hinblick auf die Herrscher- und Aristokratenfamilie eine deutliche Sprache spricht, indem er sie des Hochverrats an den Interessen des deutschen Volkes bezichtigt. Eine bewusste Herabwürdigung der Monarchen von Österreich und Preußen liegt natürlich auch vor, wenn er sie lediglich als »Herzoge von Österreich« (nicht einmal Erzherzoge) und »Kurfürsten von Brandenburg« betitelt. Im Kontext mit der bei allen liberalen und nationalen Kräften Deutschlands unbeliebten Heiligen Allianz erscheint ein solches Vorgehen nur logisch. Von »hasserfüllten Tiraden gegen Monarchen, Adel und Geistlichkeit« kann wenigstens bei Wirth keine Rede sein.

Sehr wichtig erschien Wirth die Verbindung von deutscher und europäischer Frage und hierin liegt die besondere, epochenübergreifende Stärke seiner Rede. Deutschland und Europa sind für ihn so eng verbunden, dass das eine wie das andere leiden muss, wenn es nicht beiden gut geht. Wirth möchte expressis verbis Wohlstand und zivilisatorischen Fortschritt für alle erreichen. Und es ist sicher nicht verkehrt, mit den dafür nötigen politischen, wirtschaftlichen und sozialen Reformen in der Mitte Europas, also in den deutschen

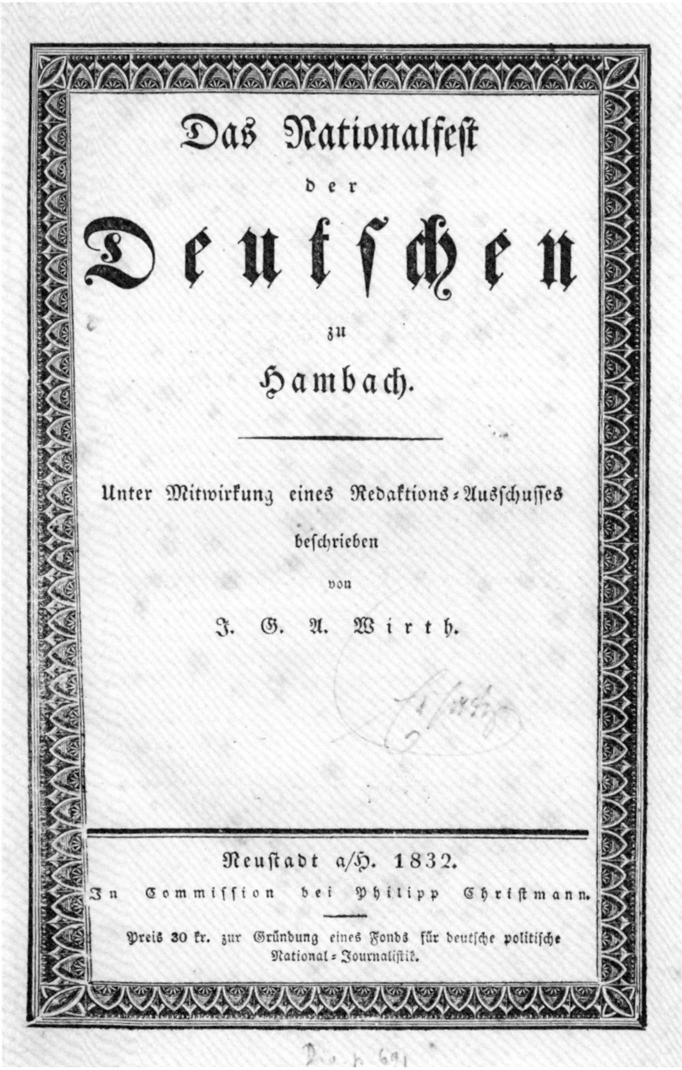

Das Nationalfest

der

Deutschen

zu

Hambach.

Unter Mitwirkung eines Redaktions-Ausschusses

beschrieben

von

J. G. A. Wirth.

Neustadt a/H. 1832.

In Commission bei Philipp Christmann.

Preis 30 kr. zur Gründung eines Fonds für deutsche politische National-Journalistik.

Titelblatt von »Das Nationalfest der Deutschen« (1832).

Ländern, zu beginnen. Ohne Zweifel verspüren wir bei Wirth einen gewissen Nationalstolz; ihm dabei aber die Denkweise zu unterstellen, am deutschen Wesen solle die Welt genesen, wäre absolut verfehlt. Auch Wirths Äußerungen zur Rheingrenze taugen keineswegs dazu, ihm einen »hochgradigen Nationalismus« zu unterstellen. Seit der Julikrise von 1830 war die alte Vorstellung vom Rhein als natürlicher Grenze in Frankreich wieder virulent und es war legitim, von deutscher Seite darauf hinzuweisen. Anders als Ernst Moritz Arndt, der mit seinen Schriften wie Der Rhein, Deutschlands Strom, nicht Deutschlands Grenze (1813) seit den Befreiungskriegen die nationalistische Stimmung auf deutscher Seite aufheizte, wusste Wirth sehr wohl zu differenzieren zwischen französischen Populisten und Kosmopoliten. Im Übrigen sah er die bestehende Grenze nicht nur durch französischen Expansionsdrang gefährdet. Für den Fall einer kriegerischen Auseinandersetzung zwischen Frankreich und den Großmächten Österreich und Preußen zugunsten deutscher Patrioten hielt Wirth ein Wiederaufleben des napoleonischen Rheinbundes für wahrscheinlich. Bayern würde dann liebend gerne auf seine linksrheinischen Besitzungen verzichten und sich dafür wieder Salzburg, Tirol und das Innviertel einverleiben. Die deutsche und die europäische Einigung würden dadurch auf lange Sicht einen Rückschlag erleiden.

Nach der wenig tröstlichen Analyse der deutschen und europäischen Lage erwartete das Publikum natürlich auch einen Lösungsvorschlag von Wirth. Dieser konnte aus praktischen Gründen nicht – wie schon angedeutet – in einer Wiederholung seiner Thesen aus dem Aufruf an die Volksfreunde in Deutschland bestehen. So beschränkte er sich auf den elitär klingenden Vorschlag jenes 20-Männer-Gremiums, die sich über »die zweckmäßigste Reform unseres Landes« verständigen und sie in Gang setzen sollten. Es war ihm durchaus bewusst, dass die Hambacher Veranstaltung ein »Nationalfest« war, aber keine Nationalversammlung, in der man profunde Beratungen und Entscheidungen herbeiführen konnte.

NACHWIRKUNGEN UND REAKTIONEN

Ganz offensichtlich waren die führenden Köpfe der »Hambacher« bei Vorbereitung und Durchführung der Festveranstaltung so sehr auf ihren Erfolg fokussiert, dass sie darüber vergaßen, rechtzeitig einen Plan B zum Fortbestand der Hambacher Bewegung und Ziele zu entwickeln. So wich die Euphorie des Festes rasch einer allgemeinen Ernüchterung, als sich am folgenden Tage im Neustädter Schießhaus mehrere hundert Personen, unter ihnen Wirth und Siebenpfeiffer, zusammenfanden, um über das weitere Vorgehen zu beraten. Das Spektrum der Meinungen reichte von der Stärkung des bestehenden Press- und Vaterlandsvereines unter der Leitung von Friedrich Schüler über die von Wirth favorisierte Gründung eines progressiven Reformvereines bis hin zu einer bewaffneten Erhebung. Für diesen revolutionären Schritt hatten sich vor allem Heidelberger Studenten ausgesprochen. Ein solcher Akt fand freilich ebenso wenig Zustimmung wie der Vorschlag Siebenpfeiffers, Delegierte aus den verschiedenen deutschen Gauen zu wählen, die als eine Art Vorparlament oder Schattenregierung der Frankfurter Bundesversammlung des Deutschen Bundes Paroli bieten sollten. Da man sich im großen Kreis nicht einigen konnte, setzten etwa 20 Personen, also die von Wirth gewünschte Zahl, die Beratungen im Hause des Abgeordneten Johann Jacob Schopmann fort. Aber auch hier kam es nur zu einer Einigung auf den kleinsten gemeinsamen Nenner: Wirth wurde beauftragt, zusammen mit einem Redaktionsausschuss eine Festbeschreibung herauszubringen. Somit entstand die bereits erwähnte Publikation Das Nationalfest der Deutschen zu Hambach – immerhin bis heute die zentrale Quelle zur Veranstaltung von 1832.

Noch während die heimreisenden Teilnehmer sowie die Hauptakteure die Botschaften von Hambach verbreiteten und weitere Freiheitsbäume gepflanzt wurden, holte die Reaktion zum Gegenschlag aus. Schon am 2. Juni gab die bayerische Regierung ihre Verärgerung unmissverständlich kund: Man habe sich nicht, wie vorgesehen, an die Verfassungsverkündung erinnert, sondern habe »in Reden, Liedern, Trinksprüchen und

Erinnerungstuch an Hambach, hergestellt von Helm und Sohn, St. Gallen 1832. Um den Zug zum Hambacher Schloss sind im Kreis 16 Porträts führender Liberaler des Vormärz dargestellt. Links in der Mitte Wirth.

Flugschriften mit einem an Wahnsinn grenzenden Fanatismus zum Umsturz der bestehenden Landes-Verfassung und der jetzigen Bundesverhältnisse aufgefordert«. Nur wenige Tage später, am 7. Juni, leitete das Appellationsgericht in Zweibrücken eine förmliche Untersuchung ein in »Betracht, daß die meisten auf dem Hambacher Schlosse am 27. vorigen Monats abgehaltenen Reden die Nothwendigkeit einer Verbindung und Verbrüderung aller Deutschen zur Erlangung der Freiheit von dem

Drucke der Aristokratie und der Fürsten, und zur Verbannung eines auswärtigen Einflusses ausgesprochen haben«. Wirth, Siebenpfeiffer und ihren Mitstreitern drohte die Verhaftung, sofern sie sich nicht ins Ausland absetzten.

Unter dem Druck des übermächtigen österreichischen Staatskanzlers Metternich entsandte König Ludwig I. seinen Feldmarschall Philipp Fürst von Wrede mit über 8000 Soldaten und außerordentlichen Vollmachten in die Pfalz, um die Rädelsführer dingfest zu machen und das Land zu befrieden. Gleichzeitig musste der unglücklich agierende Regierungspräsident von Andrian-Werburg seinen Hut nehmen. Noch bevor das Expeditionskorps in Marsch gesetzt werden konnte, war Wirth bereits verhaftet worden. Er hatte gerade noch die Festbeschreibung in Neustadt abschließen können. Als er am 15. Juni wieder in Homburg eintraf, wurde er von einem Leutnant mit großem militärischem Aufgebot festgenommen und in einer »Postchaise« nach Zweibrücken ins Gefängnis verbracht.

Das Hambacher Fest und seine Folgen bedeutete für die liberale und nationale Opposition in Deutschland kurz- und mittelfristig ein Desaster. Nun rächte es sich, dass man untereinander zerstritten war und sich nicht auf ein Erfolg versprechendes Konzept einigen konnte. Der gemäßigte Liberale Karl von Rotteck sah die Schuld bei den Hambacher »Demagogen«, die durch ihr Verhalten wie einst Sand mit seiner Bluttat der Reaktion in die Hände gespielt hätten. Und in der Tat siegte Metternich auf der ganzen Linie: Auf seine Veranlassung verabschiedete der Bundestag am 28. Juni die sog. »Sechs Artikel«, die allgemein das monarchische Prinzip stärkten und die Rechte der bestehenden Landtage erheblich beschnitten. Weitere »Zehn Artikel« verschärften am 5. Juli das Presserecht und verboten generell politische Vereine und Volksversammlungen. In einer Spätfolge inszenierten radikalisierte Burschenschaftler und Hambacher am 3. April 1833 mit einen Sturm auf die Frankfurter Hauptwache den bislang unterbliebenen Volksaufstand. Sein Scheitern bedeutete einen weiteren Triumph Metternichs, der nun in Frankfurt eine Zentralbehörde für politische Überwachung einrichten ließ.

Das ehemalige wittelsbachische Herzogsschloss in Zweibrücken war in königlich bayerischer Zeit Sitz eines Appellationsgerichtshofes und ist heute Sitz des Pfälzischen Oberlandesgerichtes.

VII. In den Mühlen der Justiz

UNTERSUCHUNGSHAFT IN ZWEIBRÜCKEN

Mag in den Augen etlicher Zeitgenossen und mancher Historiker das Hambacher Fest einen politischen Scherbenhaufen hinterlassen haben, fühlte sich Wirth dennoch als moralischer Sieger. Anders als beispielsweise Schüler, Savoye und Geib hatte er es deshalb abgelehnt, sich ins Ausland abzusetzen. Stattdessen arbeitete er an einer neuen Schrift mit dem Titel Die politische Reform Deutschlands, die Sohn Max nach eigenen Angaben als Manuskript aus dem Gefängnis schmuggelte. Auf Kosten des Verfassers in Straßburg gedruckt, wurde die Broschüre illegal von Ehefrau Regina vertrieben. Entschiedener noch als in seinem Aufruf an die Volksfreunde lehnte Wirth jetzt die Monarchie ab und bekannte sich zu Republik und Volkssouveränität. Und er machte noch einmal sehr deutlich, dass er kein Franzosenhasser war, sondern als Fernziel ein konföderiertes Europa anstrebte.

Innerhalb weniger Wochen füllte sich das Zweibrückener Gefängnis mit einer ganzen Schar Oppositioneller, allen voran Siebenpfeiffer, der nur drei Tage nach Wirth festgenommen wurde. Waren die Haftbedingungen anfangs noch moderat – so durften die Gefangenen untereinander in Kontakt treten, Besuche von Verwandten erhalten und täglich frische Luft schnappen –, ergriffen die Behörden bald schärfere Maßnahmen. Nach wie vor genossen die Inhaftierten in der Pfälzer Bevölkerung hohe Sympathien, man schickte ihnen Fruchtkörbe ins Gefängnis und es kursierten Gerüchte über bevorstehende Befreiungsversuche. Daher verordnete man den Gefangenen Einzelhaft und unterband nach Möglichkeit einen unkontrollierten Transport von Manuskripten und Druckwerken in und aus der Anstalt. Sogar die Blätter, welche die Häftlinge benutzen durften, wurden einzeln abgezählt.

Zusätzlich machten den Inhaftierten die äußeren Rahmenbedingungen des maroden Gebäudes zu schaffen. Die Wände wiesen große Risse auf und es wimmelte von Mäusen und Ratten. Besonders unangenehm wurde es mit Beginn der kalten

Assisengericht
Ursprünglich verstand man unter Assisen jede feierliche Sitzung (lat. sessio) oder Versammlung, in denen Angelegenheiten rechtlicher Natur verhandelt wurden. Die Bezeichnung wurde auch auf deren Ergebnisse, also Rechtssprüche, Gesetze und Statuten, übertragen. Bekannt sind aus dem Mittelalter die Assisen des süditalienischen Normannenreiches und der Kreuzfahrerstaaten. Später verengte man im französischen und englischen Recht den Begriff auf Geschworenengerichte, die sowohl Zivil- wie Strafprozesse durchführen konnten. Seit der Revolution gab es in allen französischen Departements Assisengerichte, die in den linksrheinischen Gebieten auch nach dem Ende der napoleonischen Herrschaft bestehen blieben. In der Rheinpfalz setzten sich die Assisengerichte aus fünf Berufsrichtern und zwölf Geschworenen zusammen. Als Laienrichter entschieden letztere über den Schuldspruch, den Berufsrichtern blieb es vorbehalten, gegebenenfalls über das Strafmaß zu entscheiden. Assisen fanden regelmäßig einmal im Quartal für etwa drei bis vier Wochen statt. Darüber hinaus konnten nach Bedarf auch außerordentliche Sitzungen abgehalten werden.

Jahreszeit. Kein Wunder, wenn Regina Wirth in einem Brief von einer schweren Erkrankung ihres Mannes berichtet. Vergeblich versuchten Wirth und Siebenpfeiffer durch Beschwerden das Untersuchungsverfahren zu beschleunigen. Dieses wurde nach dem im bayerischen Rheinkreis geltenden Strafverfahrensrecht durchgeführt. Dabei lag die Voruntersuchung, die Beweise für eine strafbare Handlung und für die Schuld bzw. Unschuld der Häftlinge sammeln sollte, in den Händen von Appellationsgerichtsrat Joseph Alois Molitor, während Anton Schenkl als Generalstaatsprokurator die Anklage vertrat. Aus der Sicht der Beschuldigten nahmen sich beide Herren für ihre Ermittlungen alle Zeit der Welt. Erst im

Saal im Gasthaus »Hotel Schwan« in Landau – Schauplatz der Verhandlung vor dem Assisengericht im Juli/August 1833.

Mai 1833 legte Schenkl das Ergebnis der Anklagekammer des Appellationsgerichtes Zweibrücken vor. Er beschuldigte 27 Personen, durch öffentliche Reden und Druckschriften zum Umsturz der monarchischen Ordnung im Königreich Bayern und den übrigen deutschen Staaten sowie zur Bewaffnung gegen die Staatsgewalt aufgerufen zu haben. Genau ein Jahr nach Hambach entschied die mit fünf Richtern besetzte Kammer am 26. Mai 1833, gegen 13 der Beschuldigten Anklage vor dem Assisengericht zu erheben.

Nachdem das Gericht dem Antrag des Generalstaatsprokurators weitgehend stattgegeben hatte, beantragte Schenkl des Weiteren nicht nur eine außerordentliche Assisensitzung, sondern auch die Verlegung des Prozesses nach Landau. Auch diesem Begehren folgte das Appellationsgericht. Man fürchtete sowohl eine Überfrachtung der nächsten turnusmäßigen Assise wie auch neue Unruhen in der Pfalz. Immerhin wurden neue Freiheitsbäume gepflanzt und der Frankfurter Wachensturm war allgemein noch in frischer Erinnerung. Als Festungsstadt verfügte Landau über eine starke Garnison, die für einen störungsfreien Verlauf des Verfahrens sorgen konnte.

ASSISENPROZESS IN LANDAU

Schon im Vorfeld des Prozesses wollten Kreisregierung und Anklagebehörde nichts dem Zufall überlassen. So hatte man bereits, noch bevor das Gericht über die Zulässigkeit der Klage entschied, den Saal des Landauer Gasthauses »Zum Schwanen«, die größte Räumlichkeit des Ortes, angemietet. Bei Prozessbeginn herrschte in Landau quasi Belagerungszustand. Die gesamte Garnison von 3000 Mann stand unter Waffen und die Geschütze der Festung sollen auf die Stadt gerichtet gewesen sein. Unter strenger militärischer Bewachung wurden die Angeklagten – nur noch sieben an der Zahl – zum Verhandlungssaal gebracht. Dort entspann sich sofort ein Schlagabtausch zwischen Gericht und Verteidigung. Es ging um die Auswahl der Geschworenen, für die die Kreisregierung eine Liste mit 24 Personen vorgelegt hatte. Sie bestand größtenteils aus subalternen Beamten oder anderen, der Regierung nahestehenden Persönlichkeiten. Während üblicherweise Staatsanwalt und Verteidigung aus der Liste zwölf Laienrichter auswählten, verweigerte man diesmal den Verteidigern das Recht, einzelne Personen daraus streichen zu lassen. In Person seines späteren Romanhelden Walderode nahm Wirth dies gelassen hin, weil er auf die Wirkung seiner Worte baute und glaubte, »daß ein wirklicher Redner, bei Gerechtigkeit seiner Sache, unumschränkt über den Willen der Zuhörer herrschen, dieselben wie im Sturme forttragen, auch die Gegner und Widersträubenden, wenigstens vorübergehend zu seiner Überzeugung bestimmen müsse«. Die Verteidigung scheiterte auch mit ihrem Wunsch nach einer zensurfreien Veröffentlichung der stenografischen Aufzeichnungen des Prozesses durch den Buchdrucker Georg Ritter aus Zweibrücken. Immerhin hielt man von staatlicher Seite das Verfahren gegen »Dr. Wirth und Consorten« für so bedeutungsvoll, dass man den bayerischen Sekretär Franz Xaver Gabelsberger, den Erfinder der Stenografie,

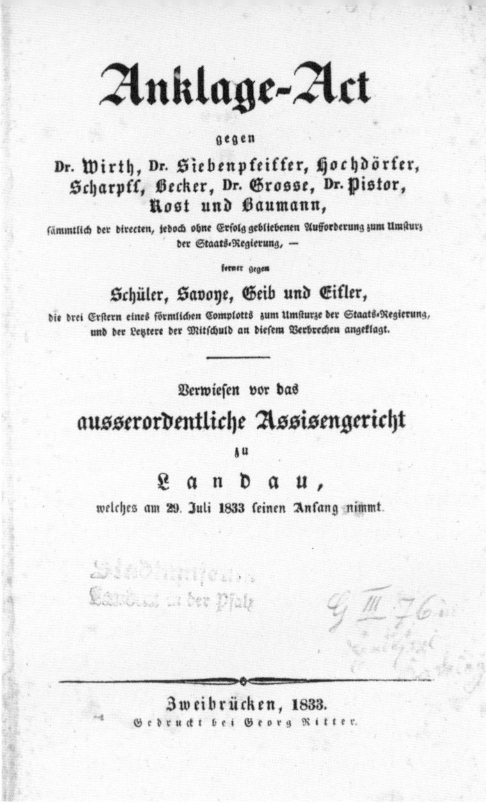

Anklage-Act

gegen

Dr. Wirth, Dr. Siebenpfeiffer, Hochdörfer,
Scharpff, Becker, Dr. Grosse, Dr. Pistor,
Rost und Baumann,

sämmtlich der directen, jedoch ohne Erfolg gebliebenen Aufforderung zum Umsturz der Staats-Regierung, —

ferner gegen

Schüler, Savoye, Geib und Eifler,

die drei Erstern eines förmlichen Complotts zum Umsturze der Staats-Regierung, und der Letztere der Mitschuld an diesem Verbrechen angeklagt.

Verwiesen vor das

ausserordentliche Assisengericht

zu

Landau,

welches am 29. Juli 1833 seinen Anfang nimmt.

Zweibrücken, 1833.
Gedruckt bei Georg Ritter.

Abb. 24
Deckblatt des Anklageaktes des Assisengerichtes Landau gegen Wirth, Siebenpfeiffer und »Consorten«.

eigens von München nach Landau beorderte, der das erste Wortprotokoll einer Gerichtsverhandlung in Deutschland erstellte. Obwohl die Verhandlungen der Assisen öffentlich zu sein hatten, wollten dies die Behörden nicht in gleicher Weise für die Berichte gelten lassen.

Noch in einem weiteren Punkt wähnte die Staatsmacht, die Oberhand zu behalten. Von den mehr als 80 Zeugen waren bis auf wenige Ausnahmen alle vom Anklagevertreter benannt worden. Umso größer war die Enttäuschung des Generalstaatsprokurators, als viele Zeugen hinsichtlich der Vorgänge beim Hambacher Fest Erinnerungslücken aufwiesen, das Entscheidende nicht verstanden haben wollten oder Wirth und Siebenpfeiffer ausdrücklich entlasteten. Es stellte sich sogar heraus, dass bei den Vernehmungen des Untersuchungsrichters Aussagen in die Protokolle aufgenommen wurden, welche die Zeugen gar nicht gemacht hatten.

Im Unterschied zu Siebenpfeiffer hielt sich Wirth bei Wortmeldungen während des Prozesses auffallend zurück. Zu seinem Leidwesen durfte er seine von der Anklage vorgelegten Schriften Aufruf an die Volksfreunde und Die politische Reform Deutschlands nicht selbst verlesen, da man befürchtete, dass die Geschworenen durch die Art des Vortrags beeinflusst werden könnten. Wirth gelang es aber, einen Artikel aus der Deutschen Tribüne vorzulesen, der vom Appellationsgericht im früheren Verfahren als unbedenklich eingestuft worden war. Er wollte damit beweisen, dass die darin enthaltenen Aussagen ungleich schärfer waren als alles, was man ihm nun zur Last legte. Seinen großen Auftritt hatte Wirth erst am 7. und 8. August, als er in einer sieben- bis achtstündigen Verteidigungsrede vor großem Publikum seine gesamte Weltanschauung darlegte und jegliche Schuld von sich wies. Trotz der gewaltigen physischen und geistigen Inanspruchnahme aller Beteiligten verfehlte Wirths Rede ihre Wirkung nicht: Am Ende des Prozesses gegen Siebenpfeiffer, Wirth und einen weiteren Teil der Angeklagten plädierten am 16. August die Geschworenen auf »nicht schuldig«. Daraufhin verkündete der Vorsitzende Richter Karl Friedrich Breitenbach den Freispruch für alle Beschuldigten. In Wirths Roman sah Walderode darin »das feierliche Gottes-Urtheil«, wobei er »Volksstimme« mit »Gottesstimme« gleichsetzte. Groß war der Jubel allerdings auch in der Pfälzer Bevölkerung. Eine eigens gebildete Menschenkette übermittelte als telegrafische Linie durch Winkzeichen mit weißen Tüchern die frohe Botschaft in nur 28 Minuten von Landau nach Neustadt.

DIE RECHTE DES DEUTSCHEN VOLKES – WIRTHS VERTEIDIGUNGSREDE

Schon die Zeitgenossen erblickten in der mit Spannung erwarteten Verteidigungsrede den Höhepunkt des Landauer Assisenprozesses. Es fanden sich etwa 1000 Zuhörer ein und da der Platz nicht reichte, sollen über dem Sitzungssaal Öffnungen angebracht worden sein, um auch von dort die Rede verfolgen zu können. Wirth ließ eine Abschrift aus dem Gefängnis schmuggeln und nach Frankreich bringen, wo sie in ungekürzter Fassung 1833 ein erstes Mal in Nancy erschien. Zahlreiche Auflagen sollten später noch erscheinen, wobei die erste deutsche Ausgabe erst im Revolutionsjahr 1848 gedruckt werden konnte.

Im Unterschied zu seiner Hambacher Rede, die auf Grund des inhomogenen und volatilen Publikums kurz und prägnant sein musste, zog Wirth in Landau alle Register seines literarisch-philosophischen, historischen, nationalökonomischen und juristischen Wissens, um vor allem die Geschworenen auf seine Seite zu bringen. Für heutige Prozessverhältnisse wäre seine Rede eine einzige Zumutung für alle Beteiligten, nicht nur wegen ihrer Länge, sondern auch wegen ihrer schwer erkennbaren Gliederung und zahlreicher Wiederholungen. Dennoch kam es immer wieder zu Beifallskundgebungen einiger Zuhörer und selbst Assisenpräsident Breitenbach lobte die Rede als ein »Meisterwerk«.

In seinem Gedankengebäude geht Wirth von einer stufenweisen Höherentwicklung der menschlichen Zivilisation aus, die für ihn ein Naturgesetz darstellt, das auf Dauer nicht unterdrückt werden kann. Der Mensch braucht generell die Möglichkeit zur freien Entfaltung seiner Persönlichkeit. Dann könne mehr Wohlstand durch organisatorische und technische Innovationen geschaffen werden – und hier kommt Wirth wieder auf seine Lieblingsbeispiele, den Bau von Eisenbahnen und Kanälen, zu sprechen. Effektiv seien diese Errungenschaften freilich nur, wenn Handels- und Gewerbefreiheit herrschten. Durch größeren Wohlstand könne der Grad individueller Bildung erhöht und damit die allgemeine Sittlichkeit verbessert werden. Damit sich der Wohlstand nicht in den Händen Weniger – Wirth bezeichnet sie als »Geldaristokratie« – konzentriere, müsse ein Gegengewicht durch eine gleichmäßige und gerechte Verteilung geschaffen werden. Für die nötigen Sozialreformen wählte Wirth einen genossenschaftlichen Denkansatz: Eine Nationalbank solle

»Der ideale Staat« – aus Wirths Verteidigungsrede

»Jetzt ist das liebliche Bild der glücklichen Zukunft der Menschheit rein und harmonisch in sich abgeschlossen: im Strahlenglanze der Verklärung steht es vor dem durchdringenden Blicke des entfesselten Geistes und gießt in das begeisterte Gemüth des Weltbürgers himmlisches Entzücken. Ein völlig freier Handel, der durch großartiges Canal- und Eisenbahn-System unterstützt und gleichsam beflügelt ist, eine Agricultur, welche durch solche Communicationswege und eine wohlthätige Creditanstalt neu belebt und durch keine übermäßigen Grundlasten wieder erdrückt wird, eine Industrie, die auf natürlichem Wege durch innere Hülfsmittel der Gesellschaft in ewiger Jugend blüht und treibt, endlich die fördernde Wechselwirkung dieser drei Erwerbsquellen auf einander hebt den Nationalreichthum bis zum Unermeßlichen. Dieser unendliche Segen wird aber jetzt nicht mehr zum Fluche, sondern er gereicht zum Wohle Aller, indem er durch die natürliche Vorkehrung der Nationalbank unter die großen Massen des Volkes geleitet wird und dort ausschließend nach Maßgabe der Berufsfähigkeit, des Fleißes und der guten Wirthschaft vertheilt bleibt. Jeder Staatsangehörige wird zum sittlich guten Menschen, zum wissenschaftlich gebildeten Manne und zum einflußreichen, geachteten und politisch mächtigen Bürger herangezogen. In alle Verhältnisse der Gesellschaft, und was das meiste sagt, in den Zweck des Lebens ist Klarheit getreten. [...] Jetzt erlangt auch Volksrepräsentation und öffentliche Meinung erst den rechten Sinn und die volle Bedeutung: Die Wähler sind nicht mehr eine privilegirte Kaste, sondern die ganze große imposante Gesammtheit aller Bürger im Mannesalter. Aber diese Gesammtheit ist auch kein ungeschlachter Haufe roher, ungebildeter Massen, die von Staatskunst, Staatsverwaltung und National-Interessen keinen Begriff haben, sondern vielmehr eine wohlgeregelte Gesellschaft wissenschaftlich erleuchteter Personen, die von allen Dingen wenigstens hinlänglich unterrichtet sind, und bei der Wahl also wissen, um was es sich handelt und was die Pflicht dem freien Bürger vorschreibt.«

ärmere, aber leistungswillige Bevölkerungsschichten durch Kredite für Bildung, Ausbildung und Geschäftsgründung fördern. Statt weniger Großunternehmen wünschte sich Wirth eine Vielzahl selbständiger Kleinbetriebe, die auf genossenschaftlicher Basis zusammenarbeiten und sich gegenseitig ergänzen. Um dieses sozioökonomische Ziel zu erreichen, hielt der Redner auch den politischen Umbau des Staates für unerlässlich. Und Wirth ließ auch vor Gericht keinen Zweifel aufkommen, dass für ihn die Basis für einen idealen Staat nur die demokratisch legitimierte Republik sein konnte.

Für Wirth war ein solcher Staat »kein Traum«, vielmehr sah er es als eine »mathematisch nachzuweisende Gewißheit« an, »daß das Menschengeschlecht eines völlig freien und glücklichen Zustandes fähig und in dem größten Theile Europas schon dazu reif ist«. Rückschritte in der Entwicklung einzelner Staaten erklärte er damit, dass »in allen diesen Völkern die Idee von den ewigen unwandelbaren Gesetzen des Culturganges noch nicht geboren war«. Zu seinem großen Leidwesen zählten auch die Deutschen dazu. In ihrem germanischen Ursprung waren sie nach seiner festen Überzeugung von Anfang an frei und verfügten über die Volkssouveränität. Würdenträger waren gewählt und übten ihre Funktion nur auf Zeit aus. Im Laufe der Jahrhunderte setzten dann die Fürsten durch Usurpation ihre Erblichkeit durch und machten aus freien Bürgern Untertanen. So bot das Deutsche Reich am Ende seiner Existenz 1806 ein »trauriges Bild«. Doch lag nach Wirth dies nicht an seiner Verfassung, sondern in der »vernachläßigten Vollziehung« derselben. Die eigentliche Katastrophe trat allerdings erst 1815 ein, als man nach der napoleonischen Herrschaft nicht wieder ein Reich herstellte, sondern mit der Bundesakte die Macht von 34 deutschen Souveränen

»Der überzeugte Republikaner« – aus Wirths Verteidigungsrede

»Ja, meine Herren, ich will die deutsche Republik – ich will sie in Einheit und Untheilbarkeit, aber nur in solcher Einheit, wie diese die freie Bewegung der Gemeinden und Gauen in ihren partikularen öffentlichen Angelegenheiten nicht unnatürlich beschränkt. Ich will die Republik, weil wir durch unser legitimes Staatsgrundgesetz ein förmliches positives Recht darauf haben; ich will solche, weil sie allein die Wiedervereinigung des zertrümmerten Deutschlands möglich macht; ich will sie, weil in ihr allein Wahrheit, Gerechtigkeit und Freiheit, in jeder anderen Staatsform dagegen nur Täuschung oder offene Unterdrückung der Völker liegen kann; ich will dieselbe, weil sie allein die Würde und angeborene Hoheit des Menschen nicht verletzt, und weil sie allein die Ausführung der von den ewigen unwandelbaren Culturgesetzen geforderten Zustände, namentlich des Völkerbündnisses und des ewigen Friedens möglich macht: kurz mit einem Worte, ich will die eine und untheilbare deutsche Republik, weil sie allein zu der neuen Schöpfung der Menschheit geleiten kann, jener himmlischen Schöpfung, wo die ungeheure Mehrheit der Menschen zur Erkenntniß der göttlichen Natur ihres Geistes gelangt ist, wo Gerechtigkeit und Humanität die Schritte aller leitet, wo der Segen des äußeren Wohlstandes und der Schmuck der Geistesbildung die Lebenstage aller versüßt und veredelt, wo die Menschheit immer höhere und höhere Ideale glücklich verfolgt, zu den Regionen der Unendlichkeit ruhig und stürmelos emporsteigt und in ihnen unaufhaltsam weiter schreitet.«

(und vier freien Städten) zementierte. Daher lautete sein Credo: »Ohne Beseitigung der deutschen Fürstenthrone gibt es kein Heil für unser Vaterland, kein Heil für Europa, kein Heil für die Menschheit.«

Konkret entwickelte Wirth einen Acht-Punkte-Plan zur Entmachtung der deutschen Fürsten, an dessen letzter Stelle die Revolution stand. Er selbst wies allerdings die Anschuldigung, ein Revolutionär zu sein und Gewalt zu predigen, weit von sich. Er gab sich vielmehr überzeugt davon, dass durch eine freie Presse und Rednerauftritte bei Volksversammlungen schon viel erreicht werden würde. Spätestens aber wenn die Landtage und Ständeversammlungen mit ihrem verfassungsmäßigen Recht auf Steuerverweigerung Ernst machen würden, wären die Fürsten mit ihrer Herrschaft am Ende. Und Österreich und Preußen, in denen es noch keine Volksvertretung gab, würden es nicht wagen, »die moralisch-geschlossene und begeisterte Phalanx aller Bürger des konstitutionellen Deutschlands« mit Gewalt anzugreifen.

Mit seinem sehr subjektiven und gewagten Exkurs in die deutsche Verfassungsgeschichte vollzog Wirth zugleich eine Anklageumkehr. Nicht er und seine Gesinnungsgenossen, sondern die Fürsten, die Deutschlands und Europas Einheit, Freiheit und Wohlstand verhinderten, hätten auf der Anklagebank zu sitzen. Für die Republik einzutreten sei kein Verbrechen, sondern das Beste, was man für das Vaterland tun könne.

Seine Argumentation untermauerte Wirth immer wieder mit Verweisen auf zahlreiche Geistesgrößen, allen voran Herder und Jean Paul. Durch verschiedene Zitate versuchte er zu belegen, dass diese viel radikaler gedacht hatten als er und trotzdem an den Fürstenhöfen in hohem Ansehen standen. Ein letztes Mal wusste Wirth am Schluss seiner Rede mit einer rhetorischen Finte die Geschworenen unter Druck zu setzen: Indem er sich und seine Mitstreiter vorab zu »Märtyrern der Wahrheit« stilisierte, prophezeite er bei einem Schuldspruch den Geschworenen das Verdikt der Nachwelt. Einem solchen Appell an das Gewissen wollten sich die Laienrichter nicht entziehen.

ZUCHTPOLIZEISTRÄFLING IN ZWEIBRÜCKEN UND KAISERSLAUTERN

Wirth hatte es gewagt, in Landau viel deutlicher als beim Hambacher Fest die Existenzberechtigung der deutschen Fürsten in Frage zu stellen und zum Widerstand gegen ihre Herrschaft aufzurufen. Dennoch wurde er von dem rheinbayerischen Gericht freigesprochen. Dementsprechend groß war die Blamage der Münchner Regierung gegenüber den anderen Fürstenhöfen, niederschmetternd fiel auch das Urteil der in- und ausländischen Presse aus. Wirth nützte das freilich herzlich wenig, denn schon im Vorfeld des Prozesses hatte die Justiz festgelegt, den Journalisten im Falle eines Freispruchs vor einem Zuchtpolizeigericht wegen Beamtenbeleidigung zu belangen. Deshalb gelangte Wirth in Landau nicht auf freien Fuß, sondern wurde als Gefangener dem Bezirksgericht in Zweibrücken überstellt. Dort wartete er wieder monatelang als Untersuchungshäftling auf ein Urteil. Anders als beim Assisengericht gab es keine Geschworenen, die er mit einer Rede hätte beeindrucken können. So verhängten die Richter am 31. Oktober 1833 unter dem Druck der Regierung die höchstmögliche Strafe von zwei Jahren Gefängnis.

Dagegen beschritt Wirth den Rechtsweg, was ihm zunächst einen weiteren Verbleib im Zweibrückener Gefängnis einbrachte. Erst im April 1834, als das Appellationsgericht seinem Begehren nicht entsprochen hatte, gab Wirth auf und fügte sich in das Unvermeidliche. In der Nacht vom 22. auf den 23. April wurde er, wie für diesen Fall vorgesehen, in das Zentralgefängnis nach Kaiserslautern gebracht, wo er seine Strafe in voller Länge verbüßen musste. Die erlittene Untersuchungshaft vor dem Assisenprozess und danach wurde ihm nicht angerechnet. Nach außen nahm Wirth alle Entscheidungen mit stoischer Ruhe auf. Während Siebenpfeiffer nach einer ähnlichen Verurteilung durch das Zuchtpolizeigericht Frankenthal im November 1833 die Gelegenheit zu einer Flucht nach Frankreich ergriff, lehnte Wirth einen solchen Schritt als Verrat an der Sache ab. Lieber wollte er in der Rolle eines Märtyrers für die Freiheit verharren, als durch eine Flucht ein indirektes

Schuldeingeständnis zu liefern. Möglicherweise liegt hierin auch das Motiv dafür, dass er bei einem blutig verlaufenen Befreiungsversuch durch eine Rotte junger Burschen anlässlich seines Transfers nach Kaiserlautern bei seiner Kutsche blieb, obwohl er durchaus hätte fliehen können.

In Kaiserslautern fand Wirth wesentlich bessere Haftbedingungen vor als in Zweibrücken. Das lag einmal daran, dass das Zentralgefängnis noch neueren Datums war, zum anderen in der Person des Gefängnisinspektors Georg Michael Obermaier. Der Gefängnisdirektor stellte den Gedanken der Resozialisierung über den der reinen Strafverbüßung und entwickelte seine Haftanstalt zu einem Muster des Strafvollzuges. So besaß das Gefängnis eine eigene Bibliothek und die Häftlinge wurden nach Maßgabe ihrer Fähigkeiten und Zukunftsaussichten mit unterschiedlichen Arbeiten betraut, für die sie auch eine – geringfügige – Entlohnung erhielten. Geradezu vorbildlich waren die hygienischen Verhältnisse der Anstalt, die Wirth in den Briefen an seine Frau Regina auch lobend erwähnt und die sicher auch dazu beigetragen haben, dass sich der angeschlagene Gesundheitszustand Wirths nicht gravierend verschlechterte. Persönlich fand Obermaier Gefallen am Bildungsdrang und den wissenschaftlichen Arbeiten seines politischen Häftlings, so dass er ihn so weit wie möglich unterstützte. Dennoch konnte Wirth auf keine Sonderstellung hoffen. Werktags musste er Strümpfe stricken und nur an Sonn- und Feiertagen durfte er Briefe schreiben und sich mit den Wissenschaften beschäftigen. Die Lektüre von Zeitungen blieb ihm ebenso verboten wie der Kontakt mit anderen politischen Gefangenen. Somit war er – zumindest auf normalen Wegen – von Informationen über das politische Tagesgeschehen abgeschnitten. Mit der Außenwelt stand er allein durch den von der Gefängnisleitung kontrollierten Briefverkehr in Verbindung.

Dies lenkt unseren Blick zwangsläufig auf seine Familie. Seit der Festnahme ihres Mannes im Juni 1832 war Regina Wirth für die Erziehung ihrer drei Kinder und die Haushaltsführung allein verantwortlich. Finanziell unterstützt wurde sie anfangs durch Zahlungen aus einem Hilfsfond des Pressvereins. Daneben nahm sie auch Geld durch den Schriftenverkauf für ihren Gatten ein – ein nicht ungefährliches Unternehmen. Man leitete auch gegen sie ein Gerichtsverfahren ein und als sie steckbrieflich gesucht wurde, setzte sie sich mit ihren Kindern rechtzeitig in das elsässische Weißenburg ab. Mit ihrem Mann blieb sie derweilen in regem Briefwechsel verbunden. Darin zeigte sich Wirth als der besorgte Familienvater, der zur persönlichen Sicherheit der Mitglieder gute Ratschläge erteilte. Besonders am Herzen lag ihm die gute schulische Ausbildung seiner beiden Söhne – so sollte Sohn Max eine ebenso gute humanistische Bildung erhalten, wie er sie selbst in Hof und Nürnberg erlangt hatte. Je nach Jahreszeit wünschte er Frau und Kindern Erholung, Abwechslung und Zeitvertreib in der Natur. Wohl aus Sorge um Regina erklärte er in seinen Briefen immer wieder, dass es ihm gut gehe. Dies auch zu Zeiten, wo er spürbar unter Einsamkeit und Hypochondrie litt.

Auf der einen Seite ertrug er klaglos sein Schicksal als Gefangener: »Ich tue meine Pflicht nach bester und mit der unbeugsamsten, bis auf das Äußerste getriebenen Ausdauer und Standhaftigkeit und über alles andere lache ich.« Einen solchen »lachenden Frohsinn« empfahl er im Oktober 1835 auch seiner Frau Regina. In seiner Freizeit vertiefte er sich intensiv in ein breites Spektrum unterschiedlichster wissenschaftlicher Disziplinen. So verging ihm die Zeit »durch anhaltendes Studieren sehr schnell und angenehm«. Er verglich sein Leben mit dem der »alten gelehrten Mönche [...], die von der Welt nichts hörten und in ihren einsamen Zellen nur den Studien lebten«. Wenn er sich aber in einer depressiven Phase seiner Einsamkeit bewusst wurde, musste er es sich eingestehen, »daß man im eingesperrten Zustande nicht immer geistiger Arbeiten fähig ist«.

Unter allen Wissenschaften wurde ihm die Astronomie die liebste und Wirth glaubte ernsthaft, in der Bewegung der Planeten den Schlüssel zur Erklärung der Welt, und das war für ihn die Menschheitsgeschichte, gefunden zu haben. Völlig hingerissen von seiner Idee schrieb er Ehefrau Regina immer wieder begeisterte Briefe.

Die Kulturgeschichte der Menschheit (Brief vom 15. Juni 1834)

»Um aber über die Veränderung des sittlichen und geistigen Werts der Menschheit klar zu sehen, muß man die Weltgeschichte im großen auffassen – geschieht dies in richtiger Weise, so erlangt man vollständige Beruhigung. Es ist freilich wahr, daß wir immer noch nicht weit sind – allein was wollen die 6000 Jahre der Menschengeschichte gegen die ganze Zukunft, also die Ewigkeit bedeuten? Fasse man nur den Begriff der Ewigkeit in seiner ganzen Tiefe auf und man wird auf einmal sehen, daß das Menschengeschlecht eines Grades von Ausbildung und Vollkommenheit fähig und dazu berufen ist, von dem wir uns zur Zeit noch keine Vorstellung machen können. [...] Auf die Dauer des ganzen Geschlechts hat nun wenigstens bis auf gewisse Grade die Unveränderlichkeit unseres Planeten, der Erde, großen Einfluß. – Ich habe in dieser Beziehung schon immer behauptet, daß eine große zerstörende Revolution des Erdkörpers nicht möglich sei – die neueren Berechnungen der Astronomie bestätigen dies vollkommen. [...] Die wahre Tugend kann nur aus richtiger Einsicht und tiefer Erkenntnis hervorgehen. In früheren Zeiten können wir bisweilen vielleicht mehr gute Handlungen zählen als später. Allein die Triebfedern waren häufig Aberglauben und andere unreine Triebfedern. Schwindet der Aberglaube allmählich, so gibt es Übergangsperioden, wo die Menschen sittlich schlechter scheinen; allein bald treibt höhere Einsicht wieder zu denselben guten Handlungen und letztere werden reiner und auch allgemeiner. [...] Wirklich übertrafen uns die Griechen und Römer und selbst die alten Germanen in allen Stücken, welche die Würde des Menschen betreffen. Allein auch dies beweist nichts gegen die ewige Fortschreitung des Menschengeschlechts.

Die Bahn dieser Fortschreitung ist nicht immer eine gerade Linie, sondern sie geht oft in Kreisen, wovon

aber immer ein Mittelpunkt und Anfang über den anderen hinausliegt. Man geht eine Zeitlang rückwärts, um später desto weiter vorwärts zu schreiten.
Meine Kulturgeschichte der Menschheit wird, so Gott will, über dieses wie über vieles andere klares Licht verbreiten. Der Gedanke an dieses Werk beschäftigt mich unaufhörlich und macht mir viel Freude. Ich steige aus den Nebeln und den Schatten der Täler immer mehr zur Klarheit und zur Sonne der Berge und großes, fast blendendes Licht geht in meinem Innern auf. Mein einziger Wunsch ist jetzt nur noch, daß ich auch allen meinen Menschenbrüdern, die noch im Nebel stehen, die helfende Hand reichen könnte, um sich auch ihrerseits zum Lichte der Wissenschaft aufzuschwingen.«

Wirth gelang es sogar, Gefängnisinspektor Obermaier in seinen Bann zu ziehen, der die Forschungsergebnisse auf dem Dienstwege höheren Stellen zuleitete. So sah sich schließlich das Innenministerium veranlasst, von der Bayerischen Akademie der Wissenschaften ein Gutachten über die Erkenntnisse des astronomischen Dilettanten einzuholen. Es fiel erwartungsgemäß vernichtend aus. Dies hinderte Wirth jedoch nicht daran, seine Lebensphilosophie als ersten Teil der Fragmente zur Culturgeschichte von Buchhändler Johann Jakob Tascher in Kaiserslautern verlegen zu lassen. Kurze Zeit später ließ er einen zweiten Teil folgen. Während sich die Fragmente durchaus gut verkauften, lösten die kruden naturwissenschaftlichen Vorstellungen in der Fachwelt nur Kopfschütteln aus. Man führte sie auf den krankhaften Gemütszustand des isolierten Gefangenen zurück. Allein eine solche Erklärung greift zu kurz. Wirth war sich wohl bewusst, dass die etablierten Geistesgrößen sich gegen ihn stellen würden, als er im April 1835 seiner Frau schrieb: »Die Gelehrten werden entsetzlich gegen mich schreiben und mich einen Narren und unwissenden Menschen nennen. Ich habe aber doch recht und werde alle Gegner überwinden.« Abgesehen davon, dass diese Worte wieder von einem reichlichen Maß an Selbstbewusstsein zeugen, gilt es zu beachten, dass Wirth für seine Welterklärung primär einen geisteswissenschaftlichen Ansatz wählt und keinen naturwissenschaftlichen. In Anlehnung an seinen großen Lehrmeister Johann Gottfried Herder war er von einem unsterblichen, produktiven Menschengeist überzeugt und erwartete den notwendigen Fortschritt der Menschheit zu allgemeiner Vernunft und einer alle Menschen und Völker verbindenden Humanität. In diesem Sinne war er davon überzeugt, dass der »jetzigen Welt [...] nur ein Goethe zusagen« könne, spätere Geschlechter dagegen »Herder Altäre bauen« würden. So wie sich die Planeten in bestimmten Kreisbahnen bewegen, so verläuft nach Wirths Auffassung auch die Entwicklung der Menschheit nicht linear, sondern in einer spiralenförmigen Bewegung. Diese Vorstellung entsprang freilich nicht einem kranken Hirn in einer abgeschiedenen Gefängniszelle, sondern war in Wirths Denken bereits seit längerer Zeit angelegt und lässt sich auch schon in seiner Landauer Verteidigungsrede feststellen.

FESTUNGSHAFT IN PASSAU

Als sich im April 1836 die Gefängnistore für Wirth öffneten, war er noch nicht automatisch ein freier Mann. In dem Bestreben der bayerischen Regierung, den nach wie vor als gefährlich eingestuften Publizisten solange wie möglich unschädlich zu machen, entsann man sich einer unverbüßten sechswöchigen Arreststrafe aus seiner Münchner Zeit. Zugleich besaß man damit eine bequeme juristische Handhabe, Wirth von seinen Freunden und Anhängern in der Pfalz fernzuhalten, denn der Strafvollzug fiel nun in den altbayerischen Kompetenzbereich. Mit Extrapost und unter strenger Bewachung brachte man Wirth über München nach Passau, wo er in der Festung Oberhaus erneut inhaftiert wurde. So schlimm, wie die Bezeichnung vermuten lässt, waren die Haftbedingungen allerdings nicht. Wirth fand seine Unterkunft unverschlossen vor und konnte sich in dem weitläufigen Areal den ganzen Tag frei bewegen. In den Briefen an seine Regina rühmt er den unvergleichlich schönen Ausblick auf die Landschaft sowie das gute und preiswerte Essen, das er im Wirtshaus der Festung einnehmen darf. Ohne Zweifel genoss Wirth in Passau gewisse Privilegien, hatte er doch keine ehrenrührige Haftstrafe mehr abzusitzen. Wenn er sich aber selbst als »munteren und heiteren« Menschen beschreibt, so blendet er die ihm schon bekannte mittelfristige Zukunftsperspektive aus.

VIII. Verbannung und Exil

VERBANNUNG IN HOF

Fast auf den Tag genau vier Jahre nach seiner Festnahme im Juni 1832 setzte man Wirth endlich wieder auf freien Fuß. Jubelnd schrieb er am 14. Juni 1836 seiner »teuren« Regina: »Endlich, meine Liebe, ist die Stunde der Erlösung gekommen: ich bin seit vorgestern frei!« Und dennoch: Völlig frei war Wirth auch jetzt noch nicht. »Als ein der öffentlichen Sicherheit vorzüglich gefährlicher Mensch« wurde er nach einem Urteil des Appellationsgerichtes des Isarkreises vom Januar desselben Jahres unter Polizeiaufsicht gestellt. Wirth nahm dies als bloße Formsache hin, die ihn nicht weiter belasten sollte. Wesentlich schlimmer war für ihn, dass man ihm seine Vaterstadt Hof als Aufenthaltsort zugewiesen hatte, den er nicht verlassen durfte. Für die Münchner Behörden stand schon lange fest, dass man Wirth nicht mehr in den Rheinkreis zurückkehren lassen könne; aus ihrer Sicht kamen neben Hof als Aufenthaltsorte auch Bayreuth, der Wohnort von Wirths Mutter, oder Schwarzenbach an der Saale als Wohnort des Schwagers in Frage. Alle drei Städte waren so peripher gelegen, dass Wirth den geringstmöglichen Schaden anrichten konnte.

Nun also befand sich Wirth seit dem 14. Juni doch in Hof und richtete sein ganzes Streben darauf, die Stadt so schnell wie möglich wieder verlassen zu können. Der normale Weg, zu seiner Familie nach Weißenburg zurückzukehren, scheiterte daran, dass er keinen Pass für Frankreich erhielt. Behördlicherseits fürchtete man, dass Wirth aus dem Elsass heraus wieder im Rheinkreis agitieren könnte. Als Alternative bot sich ein Aufenthalt in der Schweiz an. Dazu benötigte er freilich ein Bürgerrecht. Dieses wollte Wirth jedoch nur annehmen, wenn es mit keinerlei Verpflichtungen verbunden war. Eine Lehrerstelle, wie sie einige exilierte Freunde bereits innehatten, wollte Wirth von den »Schweizer Spießbürgern« nicht übernehmen. Ein weiterer Weg, aus Bayern und Deutschland herauszukommen, bestand in einer Auswanderung nach

Die Ehre, nicht Wohnort von Wirth zu sein (Brief vom 28. Februar 1836)

»Der Stadtmagistrat in Bayreuth hat nun ein Urteil gemacht, daß der Wohnort von mir und meiner Familie Hof sein soll. Die Sache hat mir viel Vergnügen gemacht, indem sich drei Städte herumstritten, die Ehre nicht zu haben, mein Wohnort zu sein. Der Magistrat in Hof hat sich sehr gesträubt und gesagt, wir gehörten nach Bayreuth oder Schwarzenbach. Bayreuth und Schwarzenbach haben aber mit Händen und Füßen abgewehrt und jetzt soll doch Hof schuldig sein, uns seine Luft einatmen zu lassen. Das schönste ist nur, daß es mir nie im Träume eingefallen ist, nach einem dieser Orte zu verlangen. Es versteht sich übrigens von selbst, daß ich mein Domizil niemals und um keinen Preis nach Hof verlege. Wenn man mich mit Gewalt dahin bringt, so bleibe ich doch nicht dort. Ungemein lieb ist es mir jetzt, daß ihr in Weißenburg seid und so also die Ausführung der Absicht unmöglich ist, meine Familie mit Gewalt an einen Ort zu führen, wo ich nicht leben mag. Sei unter diesen Umständen ja sehr vorsichtig, verlasse niemals Weißenburg und betrete nie den Rheinkreis, auch nicht zum bloßen Besuch! Das Weitere wird sich finden; aus Hof wird nichts.«

Amerika. Dieser konnten die bayerischen Behörden im Prinzip zustimmen, da kaum anzunehmen war, dass Wirth von dort so rasch nach Europa zurückkehren würde. Um aber sicher zu gehen, dass es Wirth mit dieser Absicht ernst war, verlangten sie zuvor Nachweise über sein Reiseziel in den USA, die er gar nicht erbringen wollte und konnte.

Die einzige reale und legale Möglichkeit, sich wieder eine bürgerliche Existenz aufzubauen und die Familie zusammenzuführen, bestand für Wirth darin, wieder als Rechtsanwalt zu arbeiten. An entsprechenden, durchaus lukrativen Angeboten von Keim aus Bayreuth und anderen Advokaten fehlte es nicht. Den Preis – ein völliger Verzicht auf ein politisches

Leben – wollte er allerdings nicht bezahlen. Dafür hatte er schon zu lange in Haft gesessen und dafür waren seine Vorstellungen von einem einigen und freiheitlichen Vaterland zu sehr gereift. Was ihm nun noch blieb, war das, was er lange – im Unterschied zu manchen Weggefährten – abgelehnt hatte, die Flucht aus Deutschland oder anders ausgedrückt die Flucht in die Illegalität.

Da das Ausloten aller Möglichkeiten Zeit kostete, musste Wirth in Hof länger verweilen, als ihm lieb war. Zunächst logierte er im Gasthof »Zum weißen Lamm« in der Hofer Altstadt, der ihm von den Behörden als Aufenthaltsort zugewiesen worden war. Bald zog er jedoch aus Kostengründen in das Haus seines Onkels, des pensionierten Postmeisters Franz August Wirth. Dessen Sohn Heinrich, der als Schreiber beim Hofer Magistrat angestellt war, fiel nun die Aufgabe der Überwachung seines Cousins zu. Die Ankunft des inzwischen prominent gewordenen Sohnes seiner Vaterstadt hatte am Anfang für einiges Aufsehen gesorgt. Wer aber von ihm irgendwelche aufreizenden Äußerungen erwartet hatte, wurde enttäuscht. Wirth enthielt sich jeglicher politischer Kommentare und mied größere Zusammenkünfte. Zwar sah man ihn durchaus in der »Bürgergesellschaft« bei Bier und Kartenspiel, aber ansonsten bevorzugte er die Einsamkeit und größere Spaziergänge in der Natur. Dank der Einnahmen aus dem Verkauf seiner Schriften und der Unterstützung seiner Freunde aus der Pfalz kam er finanziell über die Runden. Eine Wiederaufnahme seiner Arbeit an den Fragmenten zur Culturgeschichte scheiterte allerdings an einem erneuten Ausbruch seiner Hypochondrie. Wirth verspürte in zunehmendem Maße seine Isolation und politische Perspektivlosigkeit. Auch wenn er den Begriff expressis verbis nicht verwendete, so fühlte er sich in Hof wie an einem Ort der Verbannung.

In der Gestalt seines Romanhelden Walderode erlebte Wirth gerade jetzt »eine vollkommene Entmutigung« der liberalen Kräfte und hilflos musste er es mit ansehen, wie die Massen »vollends ihr Heil in demütiger Unterwerfung unter die Regierungsgewalten« suchten. Ein anschauliches Beispiel lieferte ihm gewiss der Besuch von Königin Therese mit ihrem Sohn Otto, dem König von Griechenland, in der Saalestadt, die sich hier mit ihren Verwandten aus dem Altenburger Herzogshaus trafen. Wirth, der wohl noch die rebellische Haltung Hofer Bürger gegenüber der ungeliebten bayerischen Regierung aus der Anfangszeit der Wittelsbacher Herrschaft über das ehemalige Fürstentum Bayreuth im Gedächtnis hatte, sah nun, wie die Honoratioren der Stadt eines bescheidenen Wohlstandes aus frühindustriellen Unternehmungen wegen ihren Frieden mit dem Herrscherhaus geschlossen hatten und wie das Volk deren Repräsentanten zujubelte.

Bis zum Beginn der Weihnachtszeit 1836 waren Wirths Fluchtpläne soweit ausgereift, dass er sie in die Tat umsetzen konnte. Am Morgen des 25. Dezember verließ er das Haus seines Onkels unter dem Vorwand, seinem Schwager in Schwarzenbach einen Besuch abstatten zu wollen. Der Zeitpunkt war günstig gewählt: Sein Cousin und Aufpasser Heinrich weilte für einige Tage zur Jagd außer Haus und dessen zwei Schwestern schöpften keinerlei Verdacht. Sie wussten auch nicht, dass Wirths Aufenthalt auf den Stadtbezirk von Hof beschränkt war. Erst als Heinrich am 28. Dezember wieder nach Hause zurückkehrte und Wirth nicht wieder aufgetaucht war, kam der Stein ins Rollen. Der Hofer Magistrat und die Polizeibehörden nahmen umfangreiche Ermittlungen auf und ließen Wirth steckbrieflich suchen. Dabei stellte sich heraus, dass Wirth die Saalestadt in nördlicher Richtung in Begleitung eines entfernten Verwandten, des Studenten Georg Wilhelm Wolfrum, verlassen hatte. Da man vermutete, dass Wirth doch in die USA auswandern werde, nahm man mit den Behörden in Hamburg und Bremen Kontakt auf, um dieses Vorhaben zu unterbinden. In Wirklichkeit reiste Wirth, nachdem er die bayerische Grenze passiert hatte, mit der Extrapost auf bis heute nicht ganz geklärter Route ins Elsass, wo er nach eigenem Bekunden bereits am 30. Dezember bei seiner Familie in Weißenburg eintraf.

Lange konnte Wirth nicht in Weißenburg bleiben. Die rheinbayerischen Behörden wollten ihn nicht so nahe an der deutschen Grenze wissen und drängten die französischen Kollegen im Elsass, Wirth weiter in das Landesinnere zu schicken. Und in der Tat wies man von französischer Seite dem neuen Exilanten bereits Ende Januar 1837 Nancy als Aufenthaltsort zu. Mit Genugtuung registrierte Wirth, dass die lothringische Stadt eine umfangreiche Bibliothek besaß, die für seine wissenschaftlichen Arbeiten nützlich sein konnte. Auf der anderen Seite spürte er immer mehr, dass er an einem Scheideweg stand: Als politischer Publizist und Agitator sah er sich weitgehend kaltgestellt und als rein wissenschaftlicher Autor fehlte ihm finanziell der lange Atem. Zwar erhielt er noch Tantiemen aus dem Verkauf seiner Assisenrede und der Fragmente zur Culturgeschichte, auch konnte er noch mit finanzieller Unterstützung durch seine Pfälzer Freunde rechnen. Eine sichere Basis zur Ernährung seiner Familie besaß er damit nicht und bis sein neues Buchprojekt Die Geschichte der Deutschen einmal Gewinn abwerfen würde, konnte er nicht warten. Als Alternative bot sich ihm noch die Rückkehr nach Bayern und der Wiedereinstieg in seinen alten Beruf als Rechtsanwalt an. Er musste aber damit rechnen, dass man ihn wieder nach Oberfranken schicken würde, wo er erneut unter Polizeiaufsicht gestellt worden wäre. Diese wurde erst im Dezember 1846 durch einen Gnadenerlass des Königs förmlich aufgehoben. Die Krisenhaftigkeit seiner Existenz stürzte Wirth in neue Depressionen, die er in Gestalt Walderodes wie in Hof durch lange Spaziergänge in der Natur und eiserne Strenge gegen sich selbst zu bekämpfen versuchte.

In dieser Situation entschloss sich Wirth alias Walderode, »zur Erwerbung des notdürftigen Unterhalts eine nichtperiodische Zeitschrift in Heften herauszugeben«. Viel wahrscheinlicher ist es allerdings, dass es Christian Friedrich Winter, der Inhaber der Akademischen Verlagsbuchhandlung in Heidelberg, war, der Wirth zur Mitarbeit einlud an der neuen Zeitschrift Braga. Vaterländische Blätter für Kunst und

Wissenschaft. Dieses Journal umweht bis heute ein Schleier des Geheimnisvollen. Namen von Autoren, Redakteuren oder Herausgeber werden nicht genannt. Nur indirekt lassen einige Beiträge auf die Urheberschaft Wirths schließen oder tragen dessen geistige Handschrift. Wegen ihrer politischen Einstellung oder Vergangenheit zogen es die Mitarbeiter vor, anonym zu bleiben. Fast ebenso mysteriös wie der titelgebende germanische Dichtergott Braga ist die Botschaft des Journals: Die Entwicklung der Völker folgt ewigen Naturgesetzen, wobei die Deutschen auf Grund ihrer germanischen Herkunft, ihrer Bildung und Bildungsfähigkeit die besten Chancen auf eine Führungsrolle in Europa besitzen. Die Rolle des Einzelnen tritt zurück hinter die gesetzmäßige Reife durch die Zeit.

Trotz aller literarischen Überhöhung, nicht zuletzt durch die Inserierung zahlreicher Gedichte, sowie einer bewussten Realitätsflucht, um möglichen Zensoren den Stift aus der Hand zu nehmen, lassen sich die Grundgedanken Wirths herausfiltern: die Notwendigkeit einer nationalen Einheit Deutschlands, um die von der Natur zugedachte führende kulturelle und politische Rolle in Europa übernehmen zu können. Als Germanophiler bewegt sich Wirth auf einem schmalen Grat zwischen Chauvinismus und der Idee einer europäischen Verständigung gleichberechtigter Völker. In einem anderen Punkt offenbart sich jedoch ein deutlicher Wandel in Wirths Politikverständnis: Wohl hervorgerufen durch seinen langen Gefängnisaufenthalt sowie durch Verbannung und Flucht verblasst bei ihm die Wirkmächtigkeit der Pressefreiheit gegenüber einem oben schon angedeuteten Geschichtsdeterminismus.

Walderode zeigte sich angenehm überrascht, als er bald nach dem ersten Erscheinen der Zeitschrift Geld vom Verleger erhielt. Da der Betrag nach den nächsten Ausgaben des Journals stieg, ging er von einem zunehmenden Interesse der Leserschaft an den Blatt aus. Umso tiefer getroffen war er, als er im Frühjahr 1839 nach dem »plötzlichen Tod des edelsten Wesens« erfuhr, dass es seine angebetete Dame war, die das Blatt finanziert hatte und er ihr sein Honorar verdankte.

Amalie Lemmé, Mäzenin und Priesterin der Freiheit

Neuere Forschungen haben ergeben, dass sich hinter Walderodes »edelstem Wesen« die reale Gestalt der Amalie Lemmé verbirgt. Die aus einer liberalen Pfarrersfamilie stammende Amalie Fecht (*1804) heiratete mit 19 Jahren den Frankfurter Kaufmann Franz Lemmé, der schon 1828 verstarb. Seine Witwe verkehrte in freiheitsliebenden und oppositionellen Kreisen um den Verleger Christian Friedrich Winter. Wirth hat Amalie Lemmé möglicherweise bereits 1830 in der Fränkischen Schweiz kennengelernt und stand seitdem in losem Kontakt zu ihr. So trat sie auch beim Hambacher Fest und beim Landauer Assisenprozess in Erscheinung. Auf einer goldenen Taschenuhr, die Wirth am dritten Jahrestag des Hambacher Festes im Gefängnis erhielt, sind neben den Initialen von Christian Friedrich Winter auch ihre eingraviert.

Wirth hat seiner Mäzenin, nur notdürftig als »Amalie L***e« verschleiert, in seinem Roman Walderode ein literarisches Denkmal gesetzt. Sie tritt dort erstmals als bezauberndes Wesen in einer illustren Adelsgesellschaft auf Burg Wildenau in der Fränkischen Schweiz in Erscheinung, zu der auch der junge Rechtsgelehrte Walderode geladen worden war. Mehr noch als durch ihre Anmut vermag Amalie die anwesenden Herren und insbesondere Walderode als »Priesterin der Freiheit« zu beeindrucken. Durch ihre Inspiration hält Walderode ein mitreißendes Plädoyer für die Nationalwürde, das in den Worten gipfelt: »Nationalwürde heißt die Aufschrift des Tores der Zukunft, Nationalwürde der Grundstein des großartigen Baues zur Emanzipation des Menschengeschlechts.« Amalie erteilt daraufhin mit »fast verklärtem Antlitz« Walderode quasi den geistigen Ritterschlag und gibt ihm einen politischen Sendungsauftrag, der nahezu eine unbegrenzte Opferbereitschaft einschließt: »Wenden Sie die Gabe der

Beredsamkeit nie anders, denn für Freiheit und Volkswürde an. Werden Sie der Hort, der starke Held meines Volkes! Und wenn die Mächtigen Ihnen ihre Reichthümer und Ehrenstellen zeigen, so hüllen Sie sich in die Größe Ihrer Grundsätze, und bleiben Sie der treue Freund des Volkes. Werden die Stürme hereinbrechen und die Eiche schütteln, werden die Leiden die Kraft erschüttern und durch die Dauer des Elendes den starken Mann zu zerstören drohen, o so rufen Sie dann nicht: ›Jetzt sehe ich, daß die Tugend ein leerer Name ist!‹ Wenn die Schwachen wanken, fliehen, verzweifeln, so harren Sie aus im Widerstande, wie im felsenfesten Vertrauen, und wenn endlich alle Ideale in dem höchsten Unglück, in der undankbaren Zurückstoßung des Volkes, erlöschen wollen, ach! So erinnern Sie sich, daß Grundsätze über Zeit und Menschen erhaben sind.«
Amalie Lemmé starb am 26. Februar 1839, kurz nachdem sie bei ihrer Schwester in der Schweiz einen unehelichen Sohn zur Welt gebracht hatte. Als möglicher Vater kommt Johann Georg August Wirth in Frage.

Noch im Jahre 1838 war Wirth von Nancy nach Straßburg umgezogen, angeblich weil er von dort aus besser mit seinem Heidelberger Verleger in Kontakt treten konnte. Geplant war, dass die Zeitschrift Braga im Turnus von zwei Monaten erscheinen sollte. Tatsächlich erschienen in den Jahren 1838 und 1839 jeweils nur drei Ausgaben. Mit dem Tod von Amalie Lemmé versiegte die maßgebliche Geldquelle, so dass das Blatt nach nicht einmal zwei Jahren wieder von der Bildfläche verschwand. Seinem autobiografischen Roman zufolge stürzte der Tod der Gönnerin Wirth erneut in eine Sinn- und Schaffenskrise, die ihn für längere Zeit zur Untätigkeit verdammte. Dagegen führen neuere Biografien an, dass Straßburg damals ein Tummelplatz deutscher Exilanten, aber auch reaktionärer Spitzel gewesen sei, wo verschiedene politische Süppchen gekocht wurden. Einer dieser Pläne zielte auf die Anwerbung von Freiwilligen, die – militärisch ausgerüstet – bei einem offenen Ausbruch latent schwelender internationaler Krisen zugunsten der nationalen Einheit Deutschland eingesetzt werden sollten. Wie weit Wirth in solche Aktivitäten verstrickt war, lässt sich auf Grund der dünnen und undurchsichtigen Quellenlage noch nicht abschließend beurteilen. Festzuhalten gilt es allerdings, dass derartige Überlegungen seiner pazifistischen Grundeinstellung und seiner Theorie vom Walten ewiger Naturgesetze zuwider liefen.

DAS SCHWEIZER EXIL

Während seines Zwangsaufenthaltes in Hof hatte Wirth noch ein Exil in der Schweiz abgelehnt. Doch im Sommer 1839 zog er mit seiner Familie doch in die Eidgenossenschaft und blieb dort bis gegen Ende des Jahres 1847. Für den ruhelosen und wenig bodenständigen Mann brachte das Schweizer Exil den längsten Aufenthalt an einem Ort in seinem Leben, sieht man von den Kinder- und Jugendjahren in Hof ab. Wirths Bayreuther Zeit war zwar nur unwesentlich kürzer, dafür aber ungleich glücklicher gewesen. Damals stand er noch in jugendlicher Blüte, war energiegeladen und unverbraucht und die Zukunft stand ihm noch in mehrfacher Hinsicht offen. In der Schweiz kämpfte er jetzt gegen die Schatten der Vergangenheit und trat weitgehend auf der Stelle. Es gelang ihm nicht, eine sichere Zukunftsperspektive zu finden.

Dabei fing alles recht vielversprechend an. Wirth folgte einem Ruf des Konstanzer Advokaten Ignaz Vanotti (1798–1870), der für seine Zeitung Deutsche Volkshalle einen Redakteur suchte. In gewisser Hinsicht ließ sich Vanotti mit Cotta vergleichen und es schien so, als würde sich für Wirth die publizistische Aufgabe wie in München wiederholen. Vanotti spielte als Liberaler im Konstanzer Bildungsbürgertum eine maßgebliche Rolle und gilt als Initiator der Bodensee-Dampfschifffahrtsgesellschaft sowie der heutigen Schwarzwaldbahn. Für Wirth ausschlaggebend war, dass Vanotti eine eigene Druckerei besaß und den Belle-Vue-Verlag leitete, die er beide aus Sicherheitsgründen Anfang 1840 von Konstanz in das benachbarte Emmishofen (heute ein Gemeindeteil von

Kreuzlingen) auf die Schweizer Seite des Bodensees verlegte. Folgerichtig ließ sich auch Wirth in Emmishofen nieder.

Dort lernte er auch den jungen Literaten Georg Herwegh (1817–1875) kennen, der kurz zuvor in die Schweiz geflohen war, um dem württembergischen Militärdienst zu entkommen. Dieser übernahm in der ab 1. September 1839 neu erscheinenden Deutschen Volkshalle die Verantwortung für den literarisch-kritischen Teil. In einem Dreivierteljahr verfasste er rund 60 Beiträge und Essays zur »Literatur und Politik« und schrieb über 30 Gedichte. Durchaus im Sinne Wirths forderte Herwegh, dass sich die Dichter in den Dienst der Freiheit zu stellen und einen politischen Auftrag zu erfüllen hätten. Ihre Erzeugnisse sollten volksnah sein, ohne jedoch auf einen ästhetischen Anspruch zu verzichten. Bald musste Herwegh aber feststellen, dass sein Idol aus der Hambacher Zeit den kämpferischen Geist verloren und sich bei Wirth ein deutschtümelnder Dogmatismus breit gemacht hatte. Wirth seinerseits beanspruchte als der Ältere in der Redaktion das Recht für sich, Herweghs Artikel zu bearbeiten und zu kürzen. Auf Grund leidvoller Erfahrungen mit der Zensur wollte er den Verkaufserfolg der Deutschen Volkshalle in Deutschland nicht übermäßig aufs Spiel setzen. Zum Bruch zwischen beiden kam es 1840 während der Rheinkrise, als Wirth eine dezidiert antifranzösische Haltung einnahm. Sie führte dazu, dass Herwegh schon in der Mitte des Jahres der Deutschen Volkshalle wieder den Rücken kehrte.

Die Rheinkrise bot der Deutschen Volkshalle die Chance, ihr Profil zu schärfen und einen größeren Bekanntheitsgrad zu erlangen. Daher sprangen Verleger und Redaktion auf den antifranzösischen Zug auf und lieferten sich mit einschlägigen französischen Journalen einen medialen Kampf. Man druckte provokante Artikel aus der französischen Presse in der Volkshalle ab und versah sie mit entsprechenden Kommentaren, die ihrerseits in Frankreich gelesen wurden und die Stimmung weiter aufheizten. Je länger die Kampagne andauerte, desto mehr drohte die Volkshalle die liberale Opposition zu spalten. Insbesondere deutsche Exilanten in Frankreich fühlten sich

Die Rheinkrise 1840

In der orientalischen Frage hatten sich die europäischen Großmächte England, Russland, Österreich und Preußen über die französischen Interessen im Mittelmeerraum hinweggesetzt und sich im Londoner Vertrag von 1840 für den Erhalt des Osmanischen Reiches entschieden. In Frankreich löste dies einen Sturm der Entrüstung aus. Man fühlte sich von der Siegerkoalition des Jahres 1814 gedemütigt und sprach von einem »diplomatischen Waterloo«. Als Kompensation erhoben französische Gazetten die Forderung nach einer Wiederherstellung der Rheingrenze zwischen Frankreich und Deutschland. Die französische Regierung unter Ministerpräsident Adolphe Thiers trat in dieser Situation die Flucht nach vorne an und demonstrierte Kriegsbereitschaft. Erst als im Oktober der König dieser Politik nicht mehr folgte, trat Thiers zurück und wurde von dem versöhnungsbereiten Guillaume Guizot ersetzt.

Wie in Frankreich schlugen während dieser Krise auch in Deutschland die Wellen des Nationalismus in bisher nicht gekanntem Maße hoch. Sinnbildhaft für die nationale Überhitzung stehen auf deutscher Seite das Rheinlied von Nikolaus Becker (»Sie sollen ihn nicht haben, den freien deutschen Rhein«) sowie die Wacht am Rhein von Max Schneckenburger (»Es braust ein Ruf wie Donnerhall [...] Zum Rhein, zum Rhein, zum deutschen Rhein«). Und natürlich ließ auch der frankophobe Ernst Moritz Arndt seinen Hass gegen Frankreich erneut auflodern. Auch Heinrich Hoffmann von Fallersleben stand noch ganz unter dem Eindruck der Rheinkrise, als er im August 1841 auf der damals britischen Insel Helgoland sein Lied der Deutschen schrieb, dessen dritte Strophe 1952 zur bundesdeutschen Nationalhymne erklärt wurde.

Der aufflammende deutsche Nationalismus, der nun auch die Vorstellung von der deutsch-französischen

»Erbfeindschaft« verfestigte, besaß für den bürgerlichen Liberalismus fatale Folgen. Die Mehrheit der Liberalen suchte seit dieser Zeit ihr Heil in der nationalen Idee und ordnete ihr die Wünsche nach politischer Freiheit unter. Nur unter dieser Prämisse ist es zu verstehen, dass die Frankfurter Nationalversammlung sich für ein deutsches Erbkaisertum unter preußischer Führung entschied.

immer noch zuerst der großen freiheitlichen Tradition ihres Gastlandes verpflichtet und nicht wenige enge Weggefährten Wirths kehrten ihm nun enttäuscht den Rücken. Aus dieser Perspektive kritisieren auch manche moderne Historiker die franzosenfeindliche Haltung des Publizisten.

Allerdings greift diese Kritik entschieden zu kurz. Abgesehen davon, dass Wirth in seiner antifranzösischen Haltung von Vanotti, der selbst etliche Artikel für die Deutsche Volkshalle verfasste, unterstützt wurde, traf er den Nerv eines großen Teiles seiner Leser. Zudem reihte sich die Volkshalle nur in eine breite publizistische Abwehrfront gegen die französischen Gebietsansprüche ein. Schließlich entzündeten sich Wirths Ressentiments vor allem am französischen Kriegsgeschrei während der Regierung Thiers. Als unter dessen Nachfolger ein deutlicher Politikwechsel einsetzte und aus Paris wieder versöhnlichere Töne zu hören waren, verloren auch Wirths Äußerungen einiges an Schärfe.

Ein guter Gradmesser für seine wahre Haltung stellt daher seine Publikation Die politisch-reformatorische Richtung der Deutschen im XVI. und XIX. Jahrhundert dar, weil sie zeitgleich mit der Rheinkrise entstanden, aber dennoch ein gutes Stück von der Tagespolitik entfernt ist. Hierin kritisiert Wirth den Londoner Viermächtevertrag, weil er –– mit Recht – ein Zusammenwirken von England und Russland im Mittelmeerraum für unnatürlich hielt und so durchaus Verständnis für die Enttäuschung des sich isoliert fühlenden Frankreich aufbringen konnte. Von daher verdiene Frankreich die Unterstützung der »patriotischen Richtung in Deutschland«, aber nur solange, wie die Franzosen nicht die Eroberung der Rheingrenze anstrebten und damit die deutsche Nationalehre verletzten. In der Prioritätenliste Wirths stand nun die Sicherung der deutschen Westgrenze an oberster Stelle, ihr folgten die Einheit der Nation und die Freiheiten ihrer Bürger. So begrüßte der Republikaner Wirth denn auch – zum Entsetzen einiger ehemaliger Mitstreiter wie Georg Fein – den Regierungsantritt des preußischen Königs Friedrich Wilhelm IV. 1840, von dem er nicht nur einen stärkeren Schutz der Westgrenze, sondern auch in Abkehr vom Bündnis mit Österreich und Russland die Einigung der deutschen Staaten unter preußischer Führung erhoffte. Wie schon angedeutet, befand sich Wirth damit im Gleichklang mit zahlreichen deutschen Liberalen. »Einigkeit und Recht und Freiheit« bilden in der dritten Strophe von Fallerslebens Lied der Deutschen grammatisch eine Reihung gleichberechtigter Begriff. In ihrer Realisierung können sie jedoch auch temporal interpretiert, also in eine Reihenfolge gestellt werden, die Wirth nun eindeutig favorisierte.

Da die Deutsche Volkshalle nach dem Willen ihres Verlegers von Anfang an nicht nur ein Blatt für deutsche Exilanten in Frankreich und der Schweiz sein, sondern auch von einem größeren Publikum im Südwesten Deutschlands gelesen werden sollte, unterwarf er sie der badischen Zensur. Damit wiederholten sich Erfahrungen, wie sie Wirth mit der Deutschen Tribüne gemacht hatte. Obwohl er Vanotti als erfahrenen Juristen an seiner Seite wusste, fielen etliche seiner Leitartikel Streichungen zum Opfer und nicht selten wurden ganze Ausgaben beschlagnahmt, die für die badischen Leser bestimmt waren. Nur während der Rheinkrise zeigte sich die Zensur milder gestimmt, da die antifranzösische Propaganda der Volkshalle den Interessen der badischen Regierung gelegen kam. Als die Zensur nach dem Abflauen der Krise erneut die Zügel anzog, gaben Vanotti und Wirth am 30. März 1841 entnervt auf. Nicht der Rede wert ist, dass beide mit dem Deutschen Volksblatt nochmals einen neuen publizistischen Anlauf starteten, der aber schon nach wenigen Ausgaben kläglich scheiterte.

HISTORIKER ODER POLITISCHER SCHRIFTSTELLER?

Wenig Erfolg war Wirth auch mit seiner Politisch-reformatorischen Richtung der Deutschen beschieden, in der er seine Artikel aus der Deutschen Volkshalle in einem größeren historischen Zusammenhang einbettet. Im Hinblick auf die aktuelle Krise des Jahres 1840 erklärte er die Situation auf verblüffend einfache Weise (s. S. 105).

Wirths nationale Überheblichkeit springt dem heutigen Leser sofort in die Augen. Für die angeblich unterschiedlichen nationalen Charakterzüge germanischer, gallo-romanischer und slawischer Völker vermag er weder hier noch im Gesamtwerk stichhaltige Quellenbelege zu liefern. Letzten Endes beruft sich der Autor immer wieder auf seine nebulösen Naturgesetze der Weltordnung. Gefahr droht Deutschland nach Wirth in gleicher Weise vom Westen wie vom Osten, wobei er am geopolitischen Niedergang seines Vaterlandes den deutschen Fürsten eine erhebliche Mitschuld einräumt. Auch in diesem Punkte bleibt er seiner schon bekannten Argumentation treu. Indem er nun nicht nur die genannten Gebiete im Westen für ein neues, national geeintes Deutschland zurückforderte, sondern auch im Osten die baltischen Länder bis Estland für Deutschland reklamierte, verbrämte er seinen Chauvinismus mit der Behauptung, dass es sich dabei nur um germanische Siedlungsgebiete handele. Die Friedensliebe und weise Selbstbeschränkung blieb also gewahrt, wenn die Ausdehnung Deutschlands sich innerhalb des eigenen Sprachraumes vollzöge. Die nach den Erfahrungen mit dem Nationalsozialismus heute nahezu unvorstellbare Betrachtungsweise relativiert sich allerdings, wenn man auf die zu Wirths Zeiten durchaus verbreitete Vorstellung von der deutschen Sprachnation blickt. Schon 1813 gab Ernst Moritz Arndt auf die Frage: »Was ist der Deutschen Vaterland?« in seinem gleichnamigen Gedicht die Antwort: »soweit die deutsche Zunge reicht«. Und nicht viel anders verhält es sich in Fallerslebens Lied der Deutschen, wo Deutschland gebietsmäßig »von der Maas bis an die Memel, von der Etsch bis an den Belt« definiert wird.

Wirth über die Bedrohung Deutschlands durch »gallo-romanische« und slawische Völker

»In Folge der verhältnismäßig unvollkommenen Organisation der gallisch-romanischen und der slavischen Völker ist denselben nun der unwiderstehliche Drang eigenthümlich, auch über ihre sprachlichen und nationalen Grenzen hinaus sich auszudehnen, und also auch fremde Stämme mit sich zu verschmelzen. In Deutschland theilten diesen Drang nur die Dynasten und die älteren, also roheren Generationen des Volkes selbst, mit der steigenden germanischen Bildung und der Erwachung des Volksgeistes entwickelte sich dagegen der entschieden vorherrschende Nationalcharacterzug der Abneigung gegen wirkliche Eroberung, also gegen Erwerbung fremder, zu anderen Nationalitäten gehörenden Völkerschaften. Solcher Characterzug ist entschieden das bezeichnende Merkmal germanischer Gesittung und Bildung [...]. Bei dem unbesiegbaren, nach jeder Ueberwältigung von Neuem hervorbrechenden Drange der gallo-romanischen und der slavischen Stämme, über ihre nationalen Grenzen hinaus sich auszudehnen, muß daher Deutschland in verschiedenen Zeiten und nach entgegengesetzten Richtungen in seinen Grenzen bedrängt werden, das eine Mal Frankreich gegenüber, das andere Male den slavischen Nationen gegenüber. Der erstere Fall war geschichtlich bereits eingetreten, indem Deutschland theils durch das innere Bedrückungssystem seiner Dynasten, theils durch die Auflehnung derselben gegen die Reichsgewalt und die Zerrüttung der Nationaleinheit, nicht nur Holland, die Niederlande, Lothringen, Elsaß und die germanische Schweiz, sondern auch das gesammte linke Rheinufer verlor und sogar gänzlich unter die Botmäßigkeit Frankreichs fiel. Aehnlicher Gefahr wird es später den slavischen Stämmen gegenüber ausgesetzt sein. Andeutungen dazu treten durch das Festsetzen Rußlands in Polen und durch die ganze lähmende und um sich greifende Politik der Moskowiter jetzt schon hervor. Man würde ungeheuer irren, wenn man glauben wollte, daß die slavischen Nationen wegen ihrer ungleich geringeren Bildung Deutschland niemals gefährlich werden könnten.«

Nicht zuletzt wegen seiner Fürstenschelte stieß Wirth mit seiner Politisch-reformatorischen Richtung in deutschen Residenzstädten auf wenig Gegenliebe. Ein harter Schlag war für ihn das Verkaufsverbot in Preußen, hatte er doch gehofft, mit dieser Publikation gerade den Norden Deutschlands zu erreichen. Nicht weniger enttäuschend fiel das Urteil Wilhelm Weitlings aus, der zu dieser Zeit großen Einfluss auf Schweizer Handwerkervereine ausübte. Der kommunistisch eingestellte Arbeiterführer kritisierte den bürgerlichen Ansatz zur Lösung der sozialen Frage, der auf dem Genossenschafts- und dem Bildungsgedanken beruhte und bewusst nicht eine radikale Verwirklichung des Gleichheitsprinzips erstrebte. Mithin hielt sich der Verkaufserfolg trotz mehrfacher Werbeanzeigen in der Deutschen Volkshalle in bescheidenen Grenzen.

Nach dem Ende des Schweizer Zeitungsprojektes stand Wirth einmal mehr vor dem Scherbenhaufen seiner beruflichen Träume. In der Gestalt seines Romanhelden Walderode dachte Wirth nun sogar an eine freiwillige Rückkehr nach Hof, wo er fern von jeglicher Politik als Rechtsanwalt sich und seine Familie hätte ernähren können. Freunde rieten ihm aber, in der Schweiz zu bleiben und endlich seine Geschichte der Deutschen in Angriff zu nehmen. Noch einmal stürzte sich Wirth in die Arbeit und durchforstete die Bibliotheken von St. Gallen und Zürich nach geeigneten Quellen. Bereits 1842 lag der erste Band im Druck vor und es gelang ihm unter großen Mühen, sein historisches Hauptwerk bis 1845 abzuschließen. Als typisches Produkt seiner Zeit ist es heute weitgehend vergessen und wird allenfalls im Rahmen biografischer Darstellungen erwähnt.

Obwohl Wirth aus einem reichen Quellenmaterial schöpfte, blieb ihm das historisch-kritische Vorgehen fremd. Er ging also nicht unvoreingenommen an die Zeugnisse der Vergangenheit heran, um ein möglichst objektives Bild zu gewinnen, sondern besaß bereits eine feste Vorstellung von der Geschichte, die er durch seine Quellen zu belegen versuchte. Seine Absicht bestand darin, durch eine Verklärung der Vergangenheit das Nationalgefühl der Deutschen zu heben. Damit betrieb er, wie Hüls es treffend formulierte, eine »Funktionalisierung der Vergangenheit«. Auf Grund der dünnen Quellenlage bot sich die graue Vorzeit der Germanen für Spekulationen jeglicher Art geradezu an. Wirth sah in der Germanenzeit eine Epoche der Freiheit und da er Germanen und Deutsche gleichsetzte, galt es für seine Gegenwart, diesen Urzustand auf einer höheren kulturellen Ebene wieder herzustellen und damit die nationale Einheit in Freiheit zu vollenden. Somit kann festgehalten werden, dass Wirth trotz seines Anspruches, als seriöser Historiker in Erscheinung zu treten, im Grunde ein politischer Schriftsteller geblieben ist.

Wiewohl historische Abhandlungen, wie Wirth sie verfasste, im Trend der Zeit lagen, gelang dem Autor mit der Geschichte der Deutschen nicht der erhoffte finanzielle Befreiungsschlag. Auch wenn die Absatzzahlen wahrscheinlich höher lagen als in dem von Walderode beklagten Umfange, blieb Wirth von Geldsammlungen seiner Freunde abhängig. Eine Erbschaft seiner »alten Tante« verschaffte Walderode vorübergehend etwas Luft, in Wirklichkeit war es für Wirth wohl das Erbe seiner 1840 verstorbenen Mutter, und so kaufte er 1842 das Schlösschen Irrsee in Emmishofen sowie eine kleine Druckerei, um für seine eigenen Produktionen Geld zu sparen und auch selbst als Verleger auftreten zu können. Inzwischen hatte er sich nämlich auch mit Vanotti wegen der Bezahlung der Druckkosten für den ersten Band der Geschichte der Deutschen und die Politisch-reformatorische Richtung der Deutschen zerstritten. Als er 1844 vor Gericht dem Verleger unterlag, begann sich eine finanzielle Abwärtsspirale zu drehen, die zu verschiedenen schmerzlichen Zwangsversteigerungen führte, so vor allem seines Hambacher Ehrenschwertes sowie der goldenen Taschenuhr mit den Initialen von Amalie Lemmé.

Weit hinter den Erwartungen blieb schließlich auch der Verkauf seiner beiden biografischen Werke zurück, der 1844 erschienenen Denkwürdigkeiten aus meinem Leben und der im folgenden Jahr veröffentlichten »historischen Novelle« Walderode. Mit ihren 440 Seiten nahm letztere gattungsmäßig den Umfang eines Romanes an, darf inhaltlich aber trotz etlicher anrührend erzählter Anekdoten eher als Rechtfertigungsschrift und politisches Vermächtnis des Autors angesehen werden. Von seiner Mission erfüllt, ist Walderode zu einer Aufopferung für die Menschheit bereit in dem Bewusstsein: »Alles hat seine Schranke, auch das Rückschreiten: morgen wendet sich daher der Gang der Dinge, die Zeit der Prüfung nähert sich ihrem Ende und die bessere Richtung erhebt sich mit siegreicher Macht, wenn der Kern ihrer Bekenner des großen Strebens der Zeit würdig war.« Für Wirth endete die »Zeit der Prüfung« erst im November 1847, als er als letztes seiner Besitztümer auch das Schlösschen Irrsee an seine Gläubiger verlor.

IX. Der verspätete Revolutionär

ZWISCHEN EVOLUTION UND REVOLUTION

Die Aufhebung der Polizeiaufsicht im Dezember 1846 hatte den Weg für eine Rückkehr nach Deutschland frei gemacht. Aber erst ein knappes Jahr später siedelte Wirth mit seiner Familie nach Karlsruhe über. Aus seiner Zeit in der badischen Residenzstadt ist nur wenig bekannt. Deshalb wenden sich die meisten Biografen gleich der Revolution von 1848 zu. Allerdings lohnt es sich, seinen Aufenthalt und seine Tätigkeit in Karlsruhe etwas zu hinterfragen. Dass Wirth keine große Lust verspürte, wieder in das Königreich Bayern, namentlich nach Hof, zurückzukehren, bedarf keiner besonderen Erklärung. Sich in Baden niederzulassen, lag für Wirth nahe, galt das Großherzogtum doch als das liberalste deutsche Fürstentum und der Publizist hatte auch während des Schweizer Exils gute Kontakte dorthin unterhalten. In Karlsruhe war auch sein aktueller Verleger ansässig.

Nicht übersehen werden sollte, dass zum Zeitpunkt des Umzuges die Revolution, wie manche Autoren den Anschein erwecken, noch nicht unmittelbar vor der Türe stand. Wirth konnte also nicht nahtlos in das politische Geschehen des Jahres 1848 eingreifen. Über seine schriftstellerische Tätigkeit hinaus besaß er wieder einmal keine tragende Zukunftsperspektive. So ließ er auf eine überarbeitete Fassung der Geschichte der Deutschen als Fortsetzung die Geschichte der deutschen Staaten von der Auflösung des Reiches bis auf unsere Tage folgen. Das vierbändige Werk war bei seinem Tod unvollendet und wurde posthum von dem Historiker Wilhelm Zimmermann fertiggestellt. Auf Grund der zeitgeschichtlichen Thematik rechneten Autor und Verleger mit einem guten Absatz. Doch auch dieses Mal beschränkte sich Wirth nicht auf den unvoreingenommenen Blick des Historikers, sondern entwickelte im zweiten Band seines Werkes den Aufbau eines idealen Staates in seiner Zeit. Und hier blieb er weit hinter seinen früher geäußerten Ansichten zurück und begnügte sich mit den Vorstellungen eines gemäßigten Liberalen. War es die Furcht vor einer neuen Konfrontation mit der Staatsmacht, sah er den Zeitpunkt für einen Quantensprung im Laufe der Weltgeschichte noch nicht gekommen oder waren es der Verleger oder andere gute Geister, die Wirth zur Mäßigung rieten? Auf jeden Fall akzeptierte Wirth für das neue Deutschland einen Erbkaiser, der entweder von Preußen oder aus dem Hause Habsburg gestellt werden sollte. Auch die sonst viel geschmähten Fürsten ließ der Autor in ihrer Macht weitgehend ungeschmälert. Die Mitwirkung des Volkes an der Gestaltung des politischen Lebens blieb wie beim klassischen Modell der konstitutionellen Monarchie auf die zweite Kammer des Parlaments beschränkt. Lediglich bei der Pressefreiheit, der öffentlichen Rechtspflege, der Gewerbefreiheit sowie der Grundrechte für den Einzelnen duldete Wirth keine Einschränkung des liberalen Programms.

Das Blatt wendete sich im Februar 1848, als die republikanische Opposition in Paris gegen das Julikönigtum mobil machte. Die Weigerung der Regierung, das allgemeine und gleiche Wahlrecht für Männer einzuführen, kostete König Louis Philippe den Thron und in Frankreich wurde zum zweiten Mal die Republik ausgerufen. Anders als 1830 sprang diesmal der revolutionäre Funke nach Deutschland über und löste im März in zahlreichen Hauptstädten, namentlich in Berlin und Wien, schwere Turbulenzen aus. Besonders hart traf es die Habsburger Monarchie, wo zahlreiche nichtdeutsche Länder ihre Unabhängigkeit von Österreich zu erlangen suchten. Und unter dem Druck der Straße trat am 13. März in Wien Fürst Metternich von seinem Posten als Staatskanzler zurück, das Sinnbild für Reaktion und Unterdrückung schlechthin. Die innere wie äußere Zersplitterung der Aufständischen sowie die Furcht des gemäßigt-liberalen Bürgertums vor einem Sieg radikaler Revolutionäre retteten jedoch den deutschen Fürsten ihre Herrschaft. Lediglich König Ludwig I. von Bayern musste zugunsten seines Sohnes Maximilian II. abdanken: Seine Affäre mit der Tänzerin Lola Montez hatte ihn in eine unhaltbare Position gebracht.

Alle Märzereignisse in Deutschland fanden ohne aktive Beteiligung Wirths statt, was nicht bedeutete, dass er gänzlich untätig blieb. Aus einem Brief an seine Frau Regina geht hervor, dass er sich zu Pferd nach München aufgemacht hatte, um Augenzeuge der Vorgänge in der bayerischen Hauptstadt zu werden. Ende März erschien eine Broschüre von ihm mit dem Titel Ein Wort an die deutsche Nation. Hierin meldete er sich auf der politischen Bühne zurück und kündigte das Wiedererscheinen der Deutschen Tribüne an. Da sie das erste republikanische Blatt in Deutschland gewesen sei, solle sie wiederum für die Republik werben, gleichzeitig aber auch vor »unreifen Versuchen zur Einführung derselben« warnen. Nach seinem Wunsche sollte die Deutsche Tribüne wieder in der Rheinpfalz hergestellt werden und bereits am 15. April, spätestens aber am 1. Mai 1848 erscheinen. Nicht nur das Fehlen jeglicher personeller und materieller Voraussetzungen, auch der weitere Fortgang der Revolution verhinderte eine Verwirklichung des äußerst ambitionierten Planes. So blieb jene Broschüre das letzte Druckwerk aus der Feder Wirths. Sein ältester Sohn Max sah sich deshalb veranlasst, die Schrift im April 1849 neu herauszugeben. Der leicht veränderte Titel Johann Georg August Wirths letztes Wort an die deutsche Nation suggerierte dabei die Vorstellung, dass es sich um das politische Vermächtnis seines verstorbenen Vaters handelte.

Ohne Zweifel nahmen Wirths Äußerungen über die Rolle des preußischen Königs in der Rückschau einen prophetischen Klang an und seine Vorhersage, dass die Fürsten durch ihre politischen Fehler die Republik von selbst herbeiführen würden, erfüllte sich ebenso, auch wenn das Volk darauf bis 1918 warten musste. Auf der anderen Seite bekannte Wirth freimütig, dass er von der Revolution im Frühjahr 1848 überrascht worden war und er eine ruhigere konstitutionelle Entwicklung einer schnellen Staatsumwälzung vorgezogen hätte. Indem er nun wieder für die Sache der Republik eintrat, warnte er gleichzeitig wie ein erfahrener Staatsmann die deutschen Revolutionäre, sich wie die Akteure der ersten Republik in Frankreich an dieser Triebkraft wie mit »jungem Most« zu

Wirth über die Rolle deutscher Fürsten in der Revolution 1848 und die Aufgabe von Republikanern bei Staatsumwälzungen

»Wir wollen nicht anklagen, nicht aufreizen, sondern nur Thatsachen und Regeln der Weltordnung an einander reihen; wir wollen darum die deutschen Fürsten nicht alle beschuldigen, daß sie ihre Zugeständnisse nur mit heimlichen Vorbehalten gemacht haben, daß sie mit einem mächtigen auswärtigen Selbstherrscher geheime Verbindungen suchen oder unterhalten. Ich meines Orts bin vielmehr moralisch überzeugt, daß z. B. der Großherzog von Baden dem constitutionellen System und einer verständigen, würdigen Volksfreiheit aufrichtig ergeben ist, daß er die gemachten Zugeständnisse nicht nur gerne bewilligt hat, sondern sie selbst vor dem Eintritt der französischen Februar-Revolution bewilligt haben würde, wenn es ihm der Bundestag erlaubt hätte, Aehnliche oder annähernde Gesinnungen mögen noch andere kleine Fürsten hegen; aber daß der König von Preußen über Nacht plötzlich seine Natur geändert, daß er von dem eifrigen unumschränkten Herrscher des göttlichen Rechts mit einem Schlage in einen aufrichtigen constitutionellen König verwandelt worden sei, ein solches Wunder ist schwer zu glauben. [...]
Es ist nämlich ein anderes unabwendbares Gesetz der Staatsumwälzungen, daß dieselben Anfangs niemals der Leitung der Republikaner, sondern jener freisinnigen Männer der mittleren Meinung oder Richtung zufallen. Von Zeit zu Zeit sinkt jedoch die Popularität und moralische Macht dieser Männer unter dem gewaltigen Drange der Ereignisse und dem Einfluß der Staatsfehler der Fürsten; von Zeit zu Zeit wächst deßhalb die Ueberzeugung von der Nothwendigkeit der Republik und mit ihr die Zahl der Anhänger der letzern an. [...] Darum liegt es in den heiligsten Interessen der deutschen Republikaner, daß sie ihren Zweck durch eine voreilige, unreife Geburt, sohin durch eigenmächti-

ges Ausrufen der Republik in einzelnen kleinen Landstrichen nicht selbst gefährden. Sie müssen ruhig abwarten, bis ihre Zeit kommt, und die Geschichte zeigt ja, wie schnell dieser Augenblick bei den Revolutionen eintritt. Das hartnäckige reaktionäre System der deutschen Fürsten hat die gegenwärtige Staatsumwälzung gemacht, die weiteren Staatsfehler derselben Fürsten werden die Republik erzeugen. Während also die Fürsten an der deutschen Republik arbeiten, dürfen ihnen die Republikaner nicht in den Arm fallen; sie müssen dieselben gewähren lassen, denn die Fürsten arbeiten für die Zwecke des Freistaates.«

berauschen. Auch wenn es zwischen dem Ende jener französischen Republik und dem Scheitern der deutschen Revolution von 1848/49 keine direkten Parallelen gibt, so lag Wirth mit seiner Annahme, dass die Zeit für eine dauerhafte Umgestaltung des Staates noch nicht gekommen sei, richtig.

Im Hinblick auf die Ausgestaltung des künftigen Deutschland bot Wirth kaum Neues, dafür aber fasste er seine Vorstellungen in viel prägnanteren Sätzen zusammen – so zum Beispiel in Schlagworten wie diesen: »Größtmögliche Freiheit der Einzelnen und Gemeinden, Größtmögliche Beschränkung der Staatsgewalt.« Er sah darin die Wiederherstellung eines natürlichen Urzustandes, der durch die Jahrhunderte dauernde Regentschaft der Fürsten beseitigt worden war. So sollte es nicht nur wieder eine unabhängige Justiz und eine auf den Schutz von Personen beschränkte Polizei geben, sondern auch stehende Heere sollten weitgehend durch Bürgerwehren ersetzt und Staatsunternehmen wie Fabriken, Eisenbahnen und Postwesen in private Hände übergeben werden. Dies würde nach Wirths fester Überzeugung rentierlicher sein und darüber hinaus eine Menge Steuern sparen. Entschieden wandte er sich nochmals gegen die dominierenden sozialistischen Ideen seiner Zeit: Wahre Gleichheit bestand für ihn in der Abschaffung von Vorrechten, also in der Gleichheit vor dem Gesetz, nicht in Gleichmacherei, d. h. in sozialer Gleichheit.

Alles in allem enthielten Wirths letzte Worte zahlreiche kluge und wegweisende Gedanken, die es zumindest verdient hatten, diskutiert zu werden. Überzeugt von seiner Mission ließ sich Wirth jedoch auch zu dogmatischen Äußerungen hinreißen, die heute absolut grenzwertig erscheinen, wie diese: »Das Princip der Freiheit ist unfehlbar, und wer dieselbe consequent verfolgt, kann sich selten oder fast nie irren.«

WIRTHS WAHL IN DIE NATIONALVERSAMMLUNG

Folgt man dem Wirth-Biografen Michail Krausnick, so war das Ansehen des streitbaren Publizisten in Deutschland noch so hoch, dass er im Frühjahr 1848 in das Vorparlament berufen wurde, um die Wahlen für die Nationalversammlung vorzubereiten. In jenem Gremium soll er auf der Seite der demokratischen Linken gestanden haben, die sich für die Direktwahl der Abgeordneten stark machte. Freilich ist es nicht sicher, ob es sich bei dem im Vorparlament vertretenen »Dr. Wirth aus Constanz« tatsächlich um Johann Georg August Wirth handelt. Eine Beteiligung an den Vorberatungen zur Frankfurter Paulskirchenversammlung würde nur zum Teil erklären, weshalb es lediglich bei der Ankündigung eines Wiedererscheinens der Deutschen Tribüne blieb. Auch ohne ein solches Engagement wäre das gesteckte Ziel kaum zu erreichen gewesen.

Die Wahl zum Abgeordneten in die Nationalversammlung bedeutete für jeden aktiven Vormärzler eine Anerkennung seiner politischen Leistung, für Wirth zudem eine späte Rehabilitation und politische Nobilitierung. Das empfanden wohl auch seine Freunde aus der Hofer Region so, die sich im Nürnberger Fränkischen Kurier für eine Kandidatur Wirths in seiner Vaterstadt aussprachen und den »hochverehrten Freund und Landsmann« aufforderten, nach Hof zu eilen, um dort persönlich für sich zu werben. Lag es an der Kürze der Zeit – der Wahltermin stand unmittelbar bevor – oder ahnte Wirth bereits, dass die Wahlchancen für ihn in der Saalestadt doch nicht so gut stehen würden, Fakt ist, dass der Eingeladene nicht mehr nach Hof zurückkehrte. Schon bei seinem Zwangsaufenthalt 1836 hatte er verspürt, wie sehr das geho-

Die Wahlen zur Frankfurter Nationalversammlung

Führende Vertreter der Märzrevolution waren sich bald einig, dass die weitere politische Entwicklung in Deutschland nicht auf der Straße, sondern in einer Nationalrepräsentation entschieden werden sollte. Zu diesem Zweck trat am 31. März 1848 ein sog. »Vorparlament« in Frankfurt am Main zusammen, das aus über 500 Liberalen und Demokraten bestand. Sie besaßen noch keine echte demokratische Legitimation, sondern beriefen sich auf ihre Mitwirkung in verschiedenen Ständeversammlungen oder auf das Vertrauen des Volkes, das sie bei spontanen Versammlungen gewählt hatte. Bei den viertägigen Beratungen hätte die linke Minderheit am liebsten gleich vollendete Tatsachen und aus dem Vorparlament eine revolutionäre Exekutive geschaffen. Die Mehrheit entschied sich jedoch für den friedlichen Weg hin zu einem deutschen Parlament, das nach dem allgemeinen, gleichen und direkten Wahlrecht von allen volljährigen männlichen Deutschen gewählt werden sollte. Die eigentliche Entscheidung über die Wahlen traf dann der Bundestag, dessen Gesandte inzwischen meist liberale Ministerien der Mitgliedsstaaten vertraten. Dort verzichtete man auf die Festlegung der direkten Wahl und überließ den Modus den jeweiligen Bundesstaaten. So gab es eine Direktwahl nur in wenigen Ländern, namentlich in Württemberg, Kurhessen oder den Stadtstaaten Frankfurt, Hamburg und Bremen. In Bayern galt lediglich das indirekte Wahlrecht: Auf je 400 Urwähler kam ein Wahlmann, der die direkte Wahl der Kandidaten vornehmen durfte. Wahlberechtigt waren grundsätzlich alle volljährigen, d. h. über 21-jährigen, männlichen Staatsbürger, sofern sie unbescholten waren (ausgenommen politische Verbrechen oder Vergehen). Mehr noch als diese dehnbare Bestimmung sorgte die Einschränkung der potenziellen Wähler auf Steuerzahler für ungleiche Verhältnisse. Ausgeschlossen blieben nicht nur ein Teil der ärmeren Bevölkerung, sondern auch Studenten oder Söhne, die bei ihren Eltern lebten.

Da es noch keine Parteien im modernen Sinne gab, standen weniger politische Programme als bekannte Persönlichkeiten zur Wahl. Gewählt wurden vor allem Honoratioren wie Professoren, Richter, Anwälte oder Geistliche. Als die erste deutsche Nationalversammlung am 18. Mai 1848 in der Frankfurter Paulskirche feierlich eröffnet wurde, gehörten von den 585 Mitgliedern 550 dem Akademikerstand an. Zwar handelte es sich damit noch nicht um ein »Professorenparlament«, aber doch um eine Versammlung des Bildungsbürgertums. Ein Spiegelbild des deutschen Volkes war die Nationalversammlung keinesfalls.

bene Hofer Bürgertum sich dem bayerischen Herrscherhaus verpflichtet fühlte. Inzwischen stand die erste bayerische Staatseisenbahn, die König Ludwig-Süd-Nord-Bahn kurz vor ihrer Vollendung. Noch im selben Jahr 1848 sollte Hof den ersehnten Eisenbahnanschluss und damit gute Chancen für eine rasche Industrialisierung erhalten.

Vor diesem Hintergrund wird es verständlich, warum sich der Hofer Bürgermeister Dr. Christoph Theodor Schrön, der 1836 als Rechtsrat die Ermittlungen gegen den flüchtigen Publizisten geleitet hatte, offen gegen eine Kandidatur Wirths wandte und die Wahlmänner aufforderte, nur Persönlichkeiten zu wählen, die für das Prinzip der konstitutionellen Monarchie einzutreten versprachen. Als Republikaner, der zudem als vorbestraft galt, war Wirth für das überwiegend konservativ eingestellte Bürgertum schlicht nicht wählbar – sehr zum Leidwesen seiner Anhänger, die sich aber kaum aus der Deckung wagten. Daher war es keine Überraschung, dass die 123 Wahlmänner des Wahlkreises Hof mit großer Mehrheit für den Gymnasialprofessor und späteren Rektor des Hofer Gymnasiums Dr. Heinrich Gebhardt votierten, der schon von Amts wegen als Garant der Monarchie anzusehen war.

Stand das Hofer Bürgertum der Revolution eher abwartend bis ablehnend gegenüber, so entwickelten sich in den benachbarten Fürstentümern Reuß jüngere Linie durchaus sehr aktive revolutionäre Zellen. Befeuert wurden sie von dem Leipziger Buchhändler und Verleger Robert Blum, der in den thüringischen Kleinstaaten wie im sächsischen Vogtland als Agitator auftrat. Zu seinen politischen Gönnern zählte der Lederfabrikant Philipp Knoch in Hirschberg, in dessen Hause Blum wie auch Wirth schon vor der Revolution zu Gast waren. Obwohl Wirth in den Reußischen Landen kein Unbekannter war, verdankte er seine Wahl in den Fürstentümern Reuß jüngere Linie einigen vorher nicht absehbaren Zufällen. Zunächst sollten in jedem der auf drei Landesteile aufgesplitterten Fürstentümer, nämlich Lobenstein-Ebersdorf, Schleiz und Gera, ein Abgeordneter gewählt werden. Dabei wäre die Mindestzahl von 50.000 Einwohnern pro Wahlbezirk bei weitem unterschritten worden. Die verspätete Umstellung auf einen einzigen Wahlbezirk für alle Teilgebiete führte dazu, dass das Wahlergebnis erst am 18. Mai, also am Tage der Eröffnung der Nationalversammlung feststand. Als Sieger aus der Wahl ging Robert Blum hervor, der aber bereits als Abgeordneter in Leipzig gewählt worden war und dort die Wahl angenommen hatte. Zwar gab es mit August Thieme einen Stellvertreter, doch entschied man sich der politischen Korrektheit willen für eine Neuwahl, bei der nun Wirth ins Spiel kam. Da der weithin bekannte und beliebte Knoch zu Gunsten seines alten Hofer Freundes auf eine Kandidatur verzichtete, machte Wirth bei der Direktwahl im Juni gegen Thieme das Rennen.

DER ALLZU FRÜHE TOD DES ABGEORDNETEN WIRTH

Nach seiner Wahl reiste Wirth nach Frankfurt und nahm in der Alten Mainzer Straße Quartier. Am 6. Juli verkündete der Präsident der Nationalversammlung Heinrich von Gagern offiziell die Aufnahme Wirths ins Parlament. Schon 21 Tage später, am 26. Juli 1848, verstarb der von den langen politischen

Grabstätte von Johann Georg August Wirth auf dem Hauptfriedhof in Frankfurt/Main.

Kämpfen und den Entbehrungen seiner Haft körperlich geschwächte Abgeordnete an einem Lungenleiden. In das Debattengeschehen der Nationalversammlung hatte er nicht mehr eingreifen können. Am Tage nach seinem Tod teilte Gagern dem Parlament mit: »Es ist gestern Dr. Johann Georg August Wirth aus Hof in Bayern, 49 Jahre alt, Herausgeber der deutschen Tribüne im Jahre 1831, Verfasser der Geschichte des deutschen Volkes, Abgeordneter für die deutsche Nationalversammlung, gewählt in Reuß-Schleiz-Lobenstein, hier gestorben. Die Bedeutung dieses Mannes ist uns Allen bekannt, und wir werden uns sämmtlich veranlaßt finden, ihm die letzte Ehre zu erzeigen, indem wir uns seinem Leichenbegräbnisse anschließen.«

Das Protokoll vermerkte dazu viele zustimmende Ja-Rufe und nach einem Bericht der Augsburger Allgemeinen Zeitung folgten am 31. Juli dem Sarg anlässlich der Beerdigung Wirths auf dem Frankfurter Hauptfriedhof die meisten Mitglieder der Nationalversammlung. Dazu gesellten sich Turner mit den Farben Schwarz-Rot-Gold sowie Angehörige von Handwerker- und Gesangsvereinen sowie zahlreiche Freunde des Verstorbenen. Nach Berichten von Augenzeugen soll es sich um eines der größten Leichenbegängnisse gehandelt haben, welche die Stadt Frankfurt bis dahin erlebt hatte. Sichtlich gerührt hielt Robert Blum die Trauerrede. Er erinnerte an die zahlreichen Opfer, die der furchtlose Freund im Kampf für die Pressefreiheit, eine demokratische Verfassung, persönliche Freiheit und die Freiheit der Nation erbracht habe, und verlieh so dem ersten Toten der Nationalversammlung die Weihen eines Märtyrers. Dass Blum schon wenige Monate später von reaktionären Kräften der Habsburger Monarchie in Wien standrechtlich erschossen und damit zu einem wirklichen Märtyrer der Revolution werden sollte, ahnte zu diesem Zeitpunkt noch niemand. Robert Blum beendete seine Rede auf Wirth mit den Worten: »Kein Leichenstein wird Dein Grab einst zieren. Du hast Dir aber Dein Denkmal in unseren Herzen gesetzt.« Wiewohl Wirth in den Gedanken zahlreicher Mitstreiter weiterlebte, ermöglichten Spenden, dass ihm doch ein Grabstein gesetzt wurde. Er trägt die prägnante Inschrift: »Johann Georg Wirth – Hambacher Fest 1832 und Deutsches Parlament 1848.«

JOHANN GEORG AUGUST WIRTH – EIN ZWEITER MOSES?

Weitaus emotionaler als die schlichten Worte auf dem Grabstein mutet ein Vierzeiler an, den der böhmische Schriftsteller Moritz Hartmann für seinen Hofer Freund dichtete: »Ein schöner Tod, den ihm ein Gott verlieh! / Auf seinem Grabe soll die Widmung steh'n: / Er starb wie Moses auf dem Sinai, / Nachdem er Kanaan von fern geseh'n.« Längerfristige Bedeutung erhielt diese Strophe, als Wirths Sohn Max sie 1884 an den Anfang seiner Lebenserinnerungen unter ein Porträt seines Vaters stellte. Sucht man jenseits aller dichterischen Freiheit nach Vergleichsmomenten zwischen Wirth und Moses auf dem Sinai, so drängen sich sofort etliche Fragen auf: Hat Wirth wirklich jenes Kanaan gesehen und wie war es innerlich und äußerlich beschaffen? Wie stand es um das Volk, das Wirth in das gelobte Land führen sollte? Der allzu frühe Tod des Protagonisten verwehrt eindeutige Antworten, lässt aber viel Raum für Interpretationen und Spekulationen. Zuerst war es die demokratische Linke der Paulskirche, die Wirth für sich vereinnahmte und auf verschiedenen Gedenkblättern in ihre Reihen aufnahm. Da es 1848 noch keine Parteien gab und Selbstzeugnisse Wirths aus dem fraglichen Zeitraum fehlen, herrscht in der Literatur Uneinigkeit über die genaue Einordnung Wirths. Wir glauben jedoch nicht fehl zu gehen, wenn wir Wirth dem Kreis um Robert Blum zuordnen, welcher der parlamentarischen Richtung der Abgeordneten entsprach, die sich in der Frankfurter Gaststätte »Deutscher Hof« versammelten. Ihr Ziel war die Errichtung einer demokratischen Republik und die Einführung eines allgemeinen, gleichen und direkten Wahlrechtes. Die von Sohn Max herausgegebenen Letzten Worte seines Vaters passen in dieses politische Spektrum. Dagegen zählte Moritz Hartmann zu den am weitesten links angesiedelten Abgeordneten in der Nationalversammlung, für die die Volkssouveränität eine noch höhere Priorität besaß. So gesehen entstammte das Volk, das Wirth als zweiter

Porträt von Johann Georg August Wirth mit dem Gedicht von Moritz Hartmann.

Moses in ein neues Deutschland hätte führen können, aus dem demokratisch-republikanischen Lager.

In Wirklichkeit sind die Fragen ebenso wie die Aufgabenstellung für die Paulskirchenversammlung wesentlich komplexer. Da ging es einmal um die Frage nach einer großdeutschen oder kleindeutschen Lösung, zu denen es im Gesamtwerk Wirths unterschiedliche Antworten, aber keine letztgültige aus seiner Zeit als Abgeordneter gibt. Noch wichtiger erscheint die Einschätzung Wirths und »seines« deutschen Staates hinsichtlich der Grundrechte. Gewiss war Wirth als Liberaler grundsätzlich für die Freiheit vom Staat und seiner Bevormundung der Bürger. Also trat er konsequent für Meinungs- und Pressefreiheit ein, ebenso für eine unabhängige Justiz. Wie stand er aber zu den Teilhaberechten? Seine Forderung nach Bildung für Jedermann beispielsweise verlangt vom Staat etwas ab, ebenso seine genossenschaftlichen Vorstellungen. War er deshalb schon ein Sozialist? Antworten gab es darauf in den beinahe 175 Jahren seitdem viele und so unterliegt Wirths Bild in der Geschichte einem ständigen Wandel.

WO STEHT WIRTH?

Hatte Heinrich von Gagern im Plenum der Nationalversammlung noch den Publizisten und Geschichtsschreiber Wirth vor Augen, so verbindet die Grabinschrift Wirth mit dem Hambacher Fest und der Paulskirchenversammlung. Nun kann man in der Tat Wirths Tätigkeit als Abgeordneter der Frankfurter Nationalversammlung vernachlässigen; die häufig vorgenommene Reduktion seiner Person auf das Hambacher Fest lässt ihn aber allzu sehr zum Spielball ideologischer Geschichtsinterpretationen werden. Beim 40-jährigen Jubiläum des Hambacher Festes übernahmen die Nationalliberalen die Deutungshoheit und stellten Wirth in eine Reihe mit Bismarck. Was jener 1832 gefordert habe, nämlich die nationale Einheit, das habe der eiserne Kanzler 1871 vollbracht. Schon zehn Jahre später hatte sich der Wind gedreht. Jetzt waren es die Linksliberalen, die an Hambach erinnern wollten, aber die bayerischen Behörden in der Pfalz verboten eine Kundgebung und beschlagnahmten die

Festbroschüre, die nur die Reden von Siebenpfeiffer und Wirth von 1832 enthielt. Die Hambacher wurden jetzt als national unzuverlässig eingestuft und in die Nähe der »gemeingefährlichen« sozialdemokratischen »Reichsfeinde« gerückt. Die Steilvorlage für eine derartige Einschätzung lieferte der Altmeister der nationalkonservativen und borussophilen Geschichtsschreibung Heinrich von Treitschke. Er bezeichnete Siebenpfeiffer als einen »Rabulisten des gemeinen Schlages« und sah in Wirth einen »schwärmerischen Teutonen von gutem Rufe und ehrlicher Vaterlandsliebe, aber fast noch radikaler als sein Genosse«. Treitschke bezichtigte Wirth des Terrorismus, weil er auf Abgeordnete des bayerischen Landtages derart eingewirkt habe, dass diese aus seiner Feder stammende Reden vorgetragen und somit die »Verhandlungen der Stände von Haus aus vergiftet und verfälscht« hätten. Noch schwerer wog der Vorwurf, dass Wirth in der Deutschen Tribüne nicht nur das amerikanische Staatsideal verherrlicht, sondern auch schon einen »verschämten Sozialismus gepredigt« habe: »eine große Assoziation sollte die Kinder der Armen, je nach ihrer Begabung, für höhere Berufe erziehen, eine Nationalkasse den kleinen Geschäftsleuten Darlehen gewähren«. Kein Wunder, wenn nun Sozialdemokraten, allen voran Wilhelm Liebknecht in die von nationaler und liberaler Seite hinterlassene Lücke stießen und Hambach für sich entdeckten. So urteilte der sozialdemokratische Schriftsteller Wilhelm Herzberg 1907 anlässlich des Gedenkens an das Fest vor 75 Jahren, Wirths Rede sei »unstreitig die beste Leistung in Hambach« gewesen und er habe die »politische Situation Europas und Deutschlands mit verstandesmäßiger Schärfe ohne jede Übertreibung« geschildert. Als Hüter jenes Erbes würden die Sozialdemokraten die »Ideale des Liberalismus« erfüllen.

Nach der Novemberrevolution 1918 glich Deutschland ein gutes Stück mehr jenem gelobten Land, das Wirth gesehen haben könnte. Und so sahen sich die Parteien der Weimarer Koalition – neben der SPD, die Deutsche Demokratische Partei sowie der linke Flügel des Zentrums – verpflichtet, die Traditionen von 1832 im positiven Sinne weiter zu tragen. In ei-

Erinnerungsfoto von der Gedenkfeier 100 Jahre Hambacher Fest 1932. Von links: Altreichskanzler Joseph Wirth, Dr. Wirth (Enkel von Johann Georg August Wirth) und Reichstagsabgeordneter Theodor Heuss.

ner ersten Biografie über Johann Georg August Wirth machte es sich Otto Heinrich Müller zur Aufgabe, mit großer Sympathie für den Freiheitskämpfer das von Treitschke gezeichnete Bild zu korrigieren. Noch einen Schritt weiter ging der liberale Historiker Veit Valentin, der nicht in der Reichsgründung 1870/71 die epochale Zäsur des 19. Jahrhunderts sah, sondern in der Revolution von 1848/49. Dementsprechend würdigte der Autor schon das Hambacher Fest, wo Wirth als »echter Tribun« aufgetreten und seine Rede »allgemein als Höhepunkt der Veranstaltung« empfunden worden sei. Unmittelbar vor dem Beginn der Agonie der Weimarer Republik stellte 1932 der Reichstagsabgeordnete Theodor Heuss von der DDP – später bekanntlich der erste Bundespräsident der Bundesrepublik Deutschland – zur Centenarfeier des Hambacher Festes die schon vom Nationalsozialismus bedrohte Pressefreiheit in den Mittelpunkt seiner Festrede.

Theodor Heuss bei seiner Ansprache auf der Gedenkfeier 100 Jahre Hambacher Fest.

In der restaurativen Phase während der Ära Adenauer geschah in der Bundesrepublik relativ wenig, um die Protagonisten des Vormärz gebührend darzustellen und ins rechte Licht zu rücken. Erst Bundespräsident Gustav Heinemann wagte es, Anfang der siebziger Jahre bei der Historikerzunft ein fortschrittlicheres Geschichtsbild anzumahnen, in dem auch die freiheitlich-demokratischen Traditionen und ihre Vorkämpfer stärker in das Bewusstsein der Bevölkerung gerückt werden sollten. Dieser Appell verhallte im Allgemeinen nicht ungehört und so konnte 1982 zum 150-jährigen Jubiläum in Hambach ein wirkliches Nationalfest gefeiert und eine große Ausstellung im dortigen Schloss eröffnet werden. Auch die im Jahre 2007 offiziell ins Leben gerufene »Straße der Demokratie« von Frankfurt bis Lörrach, an der neben Hambach auch Homburg, Zweibrücken und Landau liegen, dürfen als späte Frucht dieses gewandelten Geschichtsverständnisses begriffen werden.

Plakat zur 100 Jahr-Feier des Hambacher Festes von 1832.

GEDENKEN IN WIRTHS VATERSTADT HOF

Der Hofer Abgeordnete Heinrich Gebhardt besaß so viel Anstand, dass er Anfang August 1848 seine Wähler im Hofer Wochenblatt vom Ableben Wirths informierte und um Spenden für die Grabstätte des Verstorbenen bat. Aus dem Kreis seiner vogtländischen Freunde war es Julius Schanz aus Oelsnitz, der an gleicher Stelle im September eine Lobeshymne auf Wirth veröffentlichte, die nach der Melodie »Stimmt an mit hellem hohem Klang« gesungen werden sollte:

Zum Andenken an Wirth

Wo hellen Klangs der Becher klirrt /
Und wir von Freiheit singen, /
Da soll auch Dir ein Lied, o Wirth, /
Aus tiefster Brust erklingen.

Ja, Dir ein Lied, Du edler Mann /
Der Freiheit und der Tugend, /
Den als ihr Musterbild fortan /
Verehrt die deutsche Jugend.

Heil, wer so tapfer sich bewährt! /
Du hast den Kranz errungen, /
Hast ohne Furcht das blanke Schwert /
Des freien Worts geschwungen.

Du hast des Lebens tiefste Qual /
In Kümmerniß genossen, /
Doch Deine Seele war von Stahl, /
Du kämpftest unverdrossen.

Du hast für unser ew'ges Recht /
Mit Mannesmuth gezeuget, /
Und nie gewanket im Gefecht /
Und niemals Dich gebeuget.

Wer Dich erkannt, der ist entflammt /
Dir muthig nachzustreben. /

Wir schwören freudig allesammt, /
Nach Deinem Bild zu leben.

Und wo im Kreis der Becher klirrt /
Und wir von Freiheit singen, /
Da soll auch Dir ein Lied, o Wirth, /
Aus tiefster Brust erklingen.

Schanz' pathetische Worte fanden in Hof keinen Widerhall, hatte die Stadtspitze, wie bereits erwähnt, kein Interesse an einem Revolutionär, der ohnehin nicht mehr in seiner Vaterstadt leben wollte.

Erst nach der Reichsgründung und mit dem Aufkommen der Erinnerungskultur für das Hambacher Fest geriet Wirth wieder in das Visier der örtlichen Presse. Gemäß dem vorherrschenden nationalliberalen Geschichtsbild sah man in Wirth in erster Linie den Vorkämpfer für eine machtvolle Entwicklung des deutschen Staatswesens. Parallel zur großen politischen Bühne vereinnahmten während der Weimarer Republik auch die Hofer Genossen Wirth für die Sozialdemokratie. In einer Artikelserie der sozialdemokratischen Oberfränkischen Volkszeitung aus dem Jahre 1927 erscheint Wirth als Republikaner, Pazifist und sozialer Utopist mit internationalem Charakter. Auf Anregung des Parteiblattes benannte der Stadtrat noch im gleichen Jahr eine Straße im Osten der Stadt, an der heute zwei Hochschulen liegen, nach Wirth.

Ein völlig anderer Wirth tritt uns entgegen, wenn wir seine Biografie lesen, die der Hofer Stadtarchivar und Theologe Dr. Ernst Dietlein 1936 im Band VIII der Chronik der Stadt Hof mit dem Titel »Hof – die Geburtsstadt großer Männer« veröffentlicht hat. Unter Ausblendung jeglichen liberalen Gedankengutes sah der überzeugte Nationalsozialist in Wirth »einer heiligen Flamme gleich die Idee der Nationalwürde als ein leuchtender, seinem Leben Weg und Ziel weisender Feuerbrand aufgeglüht«. In vielen seiner Worte habe er nationalsozialistisches Gedankengut, beispielsweise die »Sehnsucht nach einem einigen Volk und einem Führer« vorweggenom-

Einweihungsfeier des Wirth-Denkmales auf dem »Dr.-Wirth-Platz« am 26. Juli 1998 in Hof.

men. Um im Bilde zu bleiben: Nach Dietleins Einschätzung hätte also Wirth das gelobte Land im »Dritten Reich« erblicken können.

Die überfällige Revision der braunen Einfärbung Wirths kam im Jahre 1948 und fiel den Zeitumständen entsprechend bescheiden aus: Anlässlich seines 150. Geburtstages ließ die Stadt am vermeintlichen Geburtshaus von Wirth eine Gedenktafel anbringen, die an den »Schriftsteller« und »Vorkämpfer für Freiheit und Recht« erinnert. Danach wurde es wieder ruhig um Johann Georg August Wirth. Die meisten Bürger in der Stadt am Eisernen Vorhang trieben andere Sorgen um als die einer Einordnung Wirths in eine freiheitlich-demokratische Tradition im geteilten Deutschland. So sollte es nach der Wiedervereinigung der beiden deutschen Staaten dem Chefredakteur und Herausgeber der Frankenpost Heinrich Giegold vorbehalten bleiben, in Sichtweite des 200. Geburts- und 150. Todestages Wirth im Jahre 1998 für dessen

Das neue Wirth-Denkmal in Hof an der Freiheitshalle.

Renaissance in Hof zu kämpfen. Als bleibendes Ergebnis kristallisierte sich das bereits eingangs erwähnte Denkmal heraus: eine aufgeschlagene, stilisierte Seite der Deutschen Tribüne auf dem eigens umbenannten Dr.-Wirth-Platz im Zentrum der Stadt. Fernab vom Tagesgeschehen in Hambach oder in der Frankfurter Nationalversammlung sollte es an das überzeitliche Wirken des Freiheitskämpfers Wirth erinnern. Bundespräsident Roman Herzog bezeichnete das Hofer Erinnerungsmal als das zweite republikanische Denkmal Deutschlands – nach der Paulskirche. Es würde zu weit führen, an dieser Stelle die Umstände seiner Verkleinerung und Verlegung an die Freiheitshalle im Jahre 2012 zu schildern. Dem Stellenwert des Denkmals tat dies keinen Abbruch.

Anhang

ZEITTAFEL

1765 Wirths Großvater Johann Gottlob Joachim Wirth betreibt als kaiserlicher Reichspostmeister die Posthalterei in Hof.

1791 Nach der Resignation des letzten Markgrafen Karl Alexander fallen die fränkischen Fürstentümer Ansbach und Bayreuth an das Königreich Preußen.

1794 Wirths Vater Johann Adam Gottlob Wirth übernimmt das Amt eines Poststallmeisters in Hof.
Französische Revolutionstruppen besetzen das Gebiet der späteren bayerischen Rheinpfalz.

1798 20. November: Johann Georg August Wirth wird als drittes Kind des Poststallmeisters und seiner Ehefrau Wilhelmina Augusta Albertina in Hof geboren.

1803 3. Dezember: Tod des Vaters nach einem Reitunfall.

1806 Besuch des Gymnasiums in Hof; Bekanntschaft mit Karl Ludwig Sand.

1807 Im Frieden von Tilsit zwischen Frankreich und Preußen fällt das Fürstentum Bayreuth an das Kaiserreich Frankreich.

1810 Verkauf des Fürstentums Bayreuth durch Napoleon an den bayerischen König Max I. Joseph. Hof wird bayerisch.

1811 Schließung des Hofer Gymnasiums durch die bayerischen Behörden; Wechsel Wirths an das Gymnasium in Bayreuth.

1812 Wechsel an das Gymnasium in Plauen.

1813 Privatunterricht bei Pfarrer Johann Gebhardt in Hof; erste Lebenskrise Wirths.

1814 Wechsel an das »Ägidiengymnasium« in Nürnberg. Wirths bedeutendster Lehrer wird der Philosoph Georg Wilhelm Friedrich Hegel.

1815 Gründung des Deutschen Bundes durch 34 souveräne Fürsten und vier freie Städte beim Wiener Kongress.

1816 1. Mai: Die Rheinpfalz wird als »Rheinkreis« in das Königreich Bayern integriert.
November: Wirth bezieht die Universität Erlangen und nimmt ein Studium der Rechtswissenschaften auf; Eintritt in die Landsmannschaft Franconia.

1818 26. Mai: König Max I. Joseph erlässt erstmals eine Verfassung für das Königreich Bayern. Bayern wird eine konstitutionelle Monarchie.

1819 Wirth beendet im Frühjahr sein Studium in Erlangen und nimmt eine Stelle als Rechtspraktikant am Fürstlich Schönburgischen Patrimonialgericht in Schwarzenbach an der Saale an.

23. März: Karl Ludwig Sand ermordet den Lustspieldichter August von Kotzebue in Mannheim. In der Folge kommt es zu massiven Einschränkungen bürgerlicher Freiheiten durch die sog. »Karlsbader Beschlüsse« vom August 1819.

1821 Promotion Wirths an der Universität Halle zum Dr. iur.; Heirat mit Regina Magdalena Werner, einer Schwester seines Schwarzenbacher Vorgesetzten Johann Wilhelm Werner. Umzug des frisch verheirateten Paares nach Breslau, wo Wirth eine wissenschaftliche Karriere an der dortigen Universität anstrebt.

1822 27. Januar: Geburt des ersten Kindes Maximilian Wilhelm Gottlob.

1823 März: Umzug der Familie nach Bayreuth und Eintritt Wirths in die Kanzlei des Rechtsanwaltes Georg Friedrich Ferdinand Keim.

1825 Oktober: Regierungsantritt des bayerischen Königs Ludwig I.

1826 6. Juli: Geburt von Wirths zweitem Sohn Franz Ulpian.

1827 29. November: Geburt der Tochter Rosalie.

1830 Julirevolution in Frankreich; entscheidende Wende in Wirths Leben hin zu journalistischer und politischer Betätigung.

1831 Januar: Herausgabe der Zeitschrift Der Kosmopolit im Selbstverlag. Das Unternehmen endet mit der bayerischen Zensurverordnung vom 28. Januar.

Februar bis Dezember: Sitzungsperiode des bayerischen Landtages; Umzug Wirths nach München und Übernahme der Redaktion der von Freiherrn Cotta herausgegebenen Zeitschrift Inland; Beginn von Wirths Kampf um die Pressefreiheit mit den bayerischen Zensurbehörden.

30. Juni: Das Inland stellt sein Erscheinen ein.

1. Juli: Herausgabe der Deutschen Tribüne als Nachfolgeblatt des Inlandes in Eigenregie von Wirth; Verschärfung des Kampfes um die Pressefreiheit.

November: Wirth verlegt seinen Wohn- und Arbeitsort nach Homburg in den Rheinkreis. Beginn der Zusammenarbeit mit Philipp Jakob Siebenpfeiffer.

1832 1. Januar: Die Deutsche Tribüne erscheint erstmals in der Rheinpfalz.

29. Januar: Gründung des Deutschen Press- und Vaterlandsvereins in Zweibrücken unter maßgeblicher Beteiligung Wirths; rasches Anwachsen der Mitgliederzahl.

2. März: Verbot der Deutschen Tribüne und anderer liberaler Zeitungen durch die Frankfurter Bundesversammlung.

16. März: Verhaftung Wirths wegen Aufforderung zum Umsturz der bayerischen Staatsregierung.

21. März: Die Deutsche Tribüne erscheint ein letztes Mal.

14. April: Freispruch Wirths durch das Zweibrückener Appellationsgericht.

21. April: In seinem Aufruf an die Volksfreunde in Deutschland fordert Wirth die Schaffung eines deutschen Nationalstaates, der auf den Säulen von Volkssouveränität und unveräußerlichen Menschen- und Grundrechten ruht.

27. Mai: Nationalfest auf dem Hambacher Schloss; Wirth und Siebenpfeiffer treten als Hauptredner auf.

15. Juni: Verhaftung von Wirth in Homburg und Überstellung in das Bezirksgefängnis Zweibrücken.

28.Juni/5. Juli: Auf Veranlassung des österreichischen Staatskanzlers Metternich beschließt der Frankfurter Bundestag weitere Maßnahmen zur Einschränkung bürgerlicher Freiheiten.

1833 26. Mai: Anklage gegen Wirth und Siebenpfeiffer sowie 11 weitere Beschuldigte vor dem Assisengericht wegen Aufrufs zum Umsturz der monarchischen Ordnung sowie zur Bewaffnung gegen die Staatsgewalt.

19. Juli bis 16. August: Prozess vor dem in der Festungsstadt Landau tagenden Assisengericht: Er endet nach einer achtstündigen Verteidigungsrede Wirths mit einem Freispruch für ihn und Siebenpfeiffer. Dennoch bleibt Wirth in Haft.

31. Oktober: Verurteilung Wirths wegen Beamtenbeleidigung durch das Zuchtpolizeigericht Zweibrücken zu zwei Jahren Haft.

1834 Flucht von Ehefrau Regina mit ihren Kindern nach Weißenburg im Elsass.

22./23. April: Nach vergeblichem Einspruch gegen das Urteil wird Wirth in das Zentralgefängnis Kaiserslautern verlegt. Dort entstehen seine Fragmente zur Culturgeschichte der Menschheit. Wirth leidet spürbar unter Einsamkeit und Hypochondrie.

1836 April: Verlegung Wirths nach Passau, wo er in der dortigen Festung eine sechswöchige Arreststrafe aus seiner Münchner Zeit absitzen muss.

Juni: Nach Verbüßung aller Strafen verbringt man Wirth in seine Vaterstadt Hof, wo er unter Polizeiaufsicht gestellt wird.

25. Dezember: Spektakuläre Flucht aus Hof zu seiner Familie nach Weißenburg.

1837 Exilaufenthalt in Nancy; Beginn der Arbeit an seinem Buchprojekt Die Geschichte der Deutschen.

1838 Umzug nach Straßburg und Mitarbeit an der Zeitschrift Braga des Heidelberger Verlegers Christian Friedrich Winter.

1839 Tod von Wirths Freundin und Gönnerin Amalie Lemmé, daraufhin Ende des Braga-Projektes; Übersiedlung der Familie Wirth nach Emmishofen in die Schweiz.

1. September: Wirth übernimmt die Leitung der vom Konstanzer Advokaten Ignaz Vanotti neu herausgegebenen Zeitung Deutsche Volkshalle. Zusammenarbeit mit Georg Herwegh.

1840 In der Rheinkrise führt Wirth mit der französischen Presse einen scharfen nationalistischen Schlagabtausch. Dadurch wenden sich Herwegh und andere politische Freunde enttäuscht von ihm ab.

1841 30. März: Nach Verschärfung der badischen Zensur stellt die Deutsche Volkshalle ihr Erscheinen ein. In einer neuerlichen Lebens- und Schaffenskrise vollzieht Wirth den Übergang vom Journalisten zum Schriftsteller.

1842 Von einer Erbschaft kauft Wirth das Schlösschen Irrsee bei Emmishofen als Wohnsitz und eine kleine Druckerei. Es erscheint der erste Band seines historischen Hauptwerkes Die Geschichte der Deutschen. Bis 1845 folgen drei weitere Bände.

1844 Wirth veröffentlicht die Autobiografie Denkwürdigkeiten aus meinem Leben.

In einem Rechtsstreit um die Bezahlung von Druckkosten unterliegt Wirth Vanotti. Wirth gerät zunehmend in finanzielle Bedrängnis.

1845 Publikation seiner »historischen Novelle« Walderode, eines autobiografischen Romans.

1846 Dezember: Aufhebung der Polizeiaufsicht über Wirth durch einen Gnadenerlass König Ludwigs I. Eine freie Rückkehr nach Deutschland steht Wirth nun offen.

1847 November: Als letztes seiner Besitztümer verliert Wirth das Schlösschen Irrsee an seine Gläubiger und siedelt nach Karlsruhe über.

1848 Februarrevolution in Frankreich.

Märzrevolution in Deutschland.

13. März: Rücktritt Metternichs als österreichischer Staatskanzler.

19. März: Thronverzicht des bayerischen Königs Ludwig I. zugunsten seines Sohnes Maximilian II.

Ende März: Programmschrift Wirths Ein Wort an die deutsche Nation – 1849 von seinem Sohn Max neu herausgegeben

unter dem Titel Johann Georg August Wirths letztes Wort an die deutsche Nation.
31. März bis 3. April: Ein »Vorparlament« bereitet in Frankfurt den Weg für eine deutsche Nationalversammlung vor.
18. Mai: Feierliche Eröffnung der Nationalversammlung in der Frankfurter Paulskirche.
Juni: Bei einer Nachwahl im Fürstentum Reuß jüngere Linie wird Wirth zum Abgeordneten der Frankfurter Nationalversammlung gewählt.
6. Juli: Offizielle Aufnahme Wirths in das Parlament.
26. Juli: Tod des Abgeordneten Wirth in Frankfurt.
31. Juli: Beisetzung Wirths auf dem Frankfurter Hauptfriedhof unter großer Anteilnahme der Parlamentarier und der Bevölkerung. Die Trauerrede hält der Abgeordnete Robert Blum.
9. November: Robert Blum wird von Soldaten der Konterrevolution in Wien standrechtlich erschossen.

1849 Die Paulskirchenversammlung scheitert mit ihrem Vorhaben, einen demokratisch legitimierten deutschen Nationalstaat zu schaffen.

QUELLEN UND LITERATUR

Ungedruckte Quellen

Stadtarchiv Hof

A 1620 Die Flucht des Johann Georg August Wirth aus Hof
A 5113 Verleihung verschiedener Stipendien (u. a. abgelehnte Gesuche für Wirth)
A 5141 Die Stipendienbeschreibung und die Verleihung von Stipendien

Gedruckte Quellen

Werke von Johann Georg August Wirth (in Auswahl)

Handbuch der Strafrechts-Wissenschaft und Strafgesetzgebung. Breslau 1823

Plan zur Begründung eines blühenden Nationalwohlstandes des preußischen Volkes. Bayreuth 1828

Aufruf an die Volksfreunde in Deutschland. Homburg, 21. April 1832

Das Nationalfest der Deutschen zu Hambach. Neustadt an der Haardt 1832

Die politische Reform Deutschlands. Noch ein dringendes Wort an die deutschen Volksfreunde. Straßburg 1832

Die Rechte des deutschen Volkes. Eine Verteidigungsrede vor den Assisen zu Landau. Nancy 1833. Nachdruck Potsdam 1998

Fragmente zur Culturgeschichte. Erster Theil, Kaiserslautern 1835

Fragmente zur Culturgeschichte. Zweiter Theil, Kaiserslautern 1836

Die politisch-reformatorische Richtung der Deutschen im XVI. und XIX. Jahrhundert. Ein Beitrag zur Zeitgeschichte. Belle-Vue 1841

Die Geschichte der Deutschen. 4 Bände, Emmishofen 1842–1845. Zweite Auflage Stuttgart 1846

Denkwürdigkeiten aus meinem Leben. Emmishofen 1844

Walderode. Eine historische Novelle aus der neueren Zeit. Emmishofen 1845

Die Geschichte der deutschen Staaten von der Auflösung des Reiches bis auf unsere Tage. 4 Bände, Karlsruhe 1847–1853 (Band 3 und 4 fortgeführt von Wilhelm Zimmermann)

Ein Wort an die deutsche Nation. Karlsruhe 1848

Johann Georg August Wirth's Letztes Wort an die deutsche Nation (Mit Randglossen von Max Wirth). Frankfurt 1849

Johann Georg August Wirth: Deutsche Tribüne (1831–1832), neu herausgegeben von Wolfram Siemann und Christof Müller-Wirth. 2 Bände, München 2007

Johann Georg August Wirth: Aus Haft und Exil. Briefe des Publizisten und Vormärzpolitikers aus den Jahren 1833 bis 1837, herausgegeben von Hans Schröter. Speyer 1985

Literatur

BAUS, Martin (Hrsg.): Macht und Freiheit. Die Straße der Demokratie in Homburg und Zweibrücken. Ein Routenbegleiter. Homburg 2011

DIETLEIN, Ernst: Dr. Johann Georg August Wirth – der Vorkämpfer für ein einiges deutsches Reich. In: Ders.: Hof – die Geburtsstadt großer Männer (Chronik der Stadt Hof, Band VIII). Hof 1936, S. 7-71

DOLL, Anton: Philipp Jakob Siebenpfeiffer/Johann Georg August Wirth. In: Kurt Baumann (Hrsg.): Das Hambacher Fest. 27. Mai 1832. Männer und Ideen. Speyer ²1982, S. 7-94

EICHMANN, Bernd: Hoch flattern die deutschen Farben! Das Hambacher Schloß. In: Ders.: Denkmale deutscher Vergangenheit. Bad Honnef 1994, S. 218–235

EKE, Norbert Otto (Hrsg.): Vormärz-Handbuch. Bielefeld 2020

FENSKE, Hans: Das Hambacher Fest im Wandel der Wertung. In: Mitteilungen des Historischen Vereins der Pfalz 2009, S. 243–299

GALLO, Theophil: Die Verhandlungen des außerordentlichen Assisengerichts zu Landau in der Pfalz im Jahre 1833. Verlauf, Grundlagen, Hintergründe. Sigmaringen 1996

GIEGOLD, Heinrich: Vogtland, Freiheit, Demokratie. Dargestellt an den Schicksalen von Johann Georg August Wirth, Robert Blum, Adolph von Trütschler und anderer – im Vormärz und zur Revolution von 1848. Hof [1998]

HERRMANN, Axel: Kleine Hofer Stadtgeschichte. Regensburg 2012

HERRMANN, Axel/KLUGE, Arnd (Hrsg.): Johann Georg August Wirth (1798–1848). Ein Revolutionär aus Hof. Seine Person – seine Zeit – seine Wirkungen. Hof 1999

HERRMANN, Axel/SCHÖNEMANN, Hans: Schulgeschichte der Stadt Hof (Chronik der Stadt Hof, Bd. XII). Hof 2021

HEYDEMANN, Günther: Carl Ludwig Sand. Die Tat als Attentat. Hof 1985

HÜLS, Elisabeth: Johann Georg August Wirth 1798–1848. Ein politisches Leben im Vormärz. Düsseldorf ²2006

KRAUSNICK, Michail: Johann Georg August Wirth. Vorkämpfer für Einheit, Recht und Freiheit. Mannheim 2011

MÜLLER, Otto Heinrich: Johann Georg August Wirth und die Entwicklung des radikalen Liberalismus von 1830–1848. Maschinenschriftliche Dissertation, Frankfurt 1925

MURR, Karl Borromäus: Ludwig I., Königtum der Widersprüche. Regensburg 2012

SCHLECHTER, Armin (Hrsg.): Kämpfer für Freiheit und Demokratie. Johann Georg August Wirth. Neustadt an der Weinstraße 2010

THON, Alexander/ULRICH, Stefan: Hambacher Schloss. Regensburg ⁷2016

TREITSCHKE, Heinrich von: Deutsche Geschichte im 19. Jahrhundert. 4. Teil, Leipzig [4]1897
VALENTIN, Veit: Das Hambacher Nationalfest. Berlin 1932
WIRTH, Max: Ernste und frohe Tage. Erlebnisse und Streifzüge. Köln 1884

BILDNACHWEIS

Adobe: 48 (Georgios Kollidas), 61 (Leonid Andronov), 72 (don57)
akg: 62
Archiv Neustadt an der Weinstraße: 124, 125, 126
Axel Herrmann: 13, 15, 52
Bayerische Staatsbibliothek München, Rar. 284, Titelblatt: 67
Bundesarchiv-Erinnerungsstätte für die Freiheitsbewegungen in der deutschen Geschichte, Rastatt: 54
Ernst Sammer: 129
Felix Nürmberger: 130
https://commons.wikimedia.org (Mstp77, CC-BY-3.0): 58
Kreisstadt Homburg, Jürgen Kruthoff: 56
Landesbibliothekszentrum Rheinland-Pfalz: 121
Peter Nürmberger: 118
Stadtarchiv Landau in der Pfalz: 75 (Gerichtssaal Assisenprozess 1833: AI 144), 77 (Anklageakt, Assisenprozess 1833: L V/11),
Stiftung Hambacher Schloss: 25, 70

Umschlagmotive: vorne: Porträt von Johann Georg August Wirth (Bildarchiv Österreichische Nationalbibliothek); hinten: Zug auf das Schloss Hambach am 27. Mai 1832, zeitgenössische Federlithographie (akg)

Mit freundlicher Unterstützung
der Wolfgang-Siegel-Stiftung und der Stadt Hof

Wolfgang-Siegel-Stiftung

STADT HOF

Bibliografische Information der Deutschen Nationalbibliothek
Die Deutsche Nationalbibliothek verzeichnet diese Publikation in der Deutschen Nationalbibliografie; detaillierte bibliografische Daten sind im Internet über http://dnb.dnb.de abrufbar.

Gutenbergstraße 8 | 93051 Regensburg
Tel. 0941/920220 | verlag@pustet.de

ISBN 978-3-7917-3312-8
Reihen-/Umschlaggestaltung und Layout: www.martinveicht.de
Satz: Vollnhals Fotosatz, Neustadt a. d. Donau
Druck und Bindung: Friedrich Pustet, Regensburg
Printed in Germany 2022

Unser gesamtes Programm finden Sie im Webshop unter
www.verlag-pustet.de